| 어린이 영어교육 시리즈 1 |

동요를 활용한

어린이 영어교육

김혜정 · 양은미 지음

JINSAEM 진샘미디어

PREFACE

오늘날 지구촌에서 영어는 세계의 곳곳을 이어주는 의사소통 매체로서 위상을 다져가고 있으며 그 결과 우리나라에서도 1997년부터는 정규교과 과정에 도입 되었습니다. 현재 시행되고 있는 초등영어 영어과 교육과정에서는 초등 영어 교육 목표를 학생들이 영어에 흥미와 자신감을 갖고 기초적인 의사소통 능력을 기르는데 두고 있습니다. 어린이 영어 학습 활동은 실생활의 감각과 경험이 사고와 행동에 깊이 작용하고 호기심이 강한 특징을 고려하여 실생활에서 접할 수 있는 감각과 놀이를 중심으로 하며 발견의 즐거움을 맛볼 수 있게 하는 것이 효과적인데 그러한 방법 중의 하나가 영어 동요를 통한 학습입니다. 인간에게 있어 노래는 언어 이전에 이미 존재했으며, 어린이는 언어 발달에 앞서 노래를 하고 노래는 어린이의 언어 발달을 돕습니다. 또한 노래는 말을 매우 효과적으로 결합시켜 만든 것이기 때문에 실제 언어 학습 현장에서 많이 이용되고 있습니다(Murphey).

Kolb(1996)에 의하면 아이들이 리듬과 가락에 대하여 가지고 있는 자발성으로 인하여 노래나 챈트는 언어의 네 영역인 듣기, 말하기, 읽기, 쓰기를 익히는데 도움을 주는 이상적인 수단이 되므로 학생들이 언어를 가장 효과적으로 배우도록 하기 위해서 교사는 리듬과 소리와 가락을 듣는 능력을 조정하는 다양하고도 의미 있는 경험을 제공해야 할 것이라고 했습니다. 또한, Adams(1979)는 리듬은 구어를 유창하게 할 수 있는 열쇠가 되며, 부적당한 리듬은 그 언어를 사용할 때 유창성과 이해의 궁극적인 장애가 된다고 주장하였습니다. 특히, 챈트는 수업 능력이 약한 어린이에게 유용하고, 권태감을 주지 않으면서 일정한 문형의 연습과 습득에 도움이 되며 기억을 오래 유지할 수 있다고 하였습니다.

이처럼 영어동요는 영유아 및 초등영어 수업을 즐겁고 신나게 할 뿐만 아니라 영어 리듬과 음운 현상을 자연스럽게 습득하도록 하여 발음 지도 및 외국어 학습에 대한 부담감을 감소시키면서 자연스럽게 영어를 접할 수 있도록 해 주는 중요한 수단이 될 수 있습니다.

위에서 언급한 것처럼 어린이영어 교육에서 영어동요를 활용한 학습지도가 어린 시기의 언어습득의 특성을 고려하여 감각적인 활동과 놀이를 활용하여 실시하면 더욱 효과적이라는 것을 알았습니다.

그러므로 이 책에서는 영유아 및 초등 학습자에 대한 영어 동요에 대한 이해를 돕기 위한 이론을 쉽게 정리하여 기본 개념을 공부할 수 있도록 하였으며, 어린이 영어를 지도하기 위해 필요한 다양한 사례를 통해 현실적으로 궁금해 하는 것들에 대한 가장 구체적이고, 체계적인 방향과 해답을 제시해 보았고 영어 동요 관련 활동들을 찾아 소개하였습니다.

이 책은 대학에서 공부하는 예비 어린이영어교사, 영유아 및 초등 영어교육을 지도하시는 현장의 교사, 어린 자녀의 영어교육을 구체적으로 어떻게 가르쳐야 할지 모르는 부모님들에게 좋은 지침서가 될 것입니다.

이 책이 어린이 영어교육에 관심을 갖는 많은 분들에게 자신감을 주는 귀중한 자료와 효과적으로 도움이 되는 기본 지침서가 되길 간절히 바랍니다.

2012년 3월

저자

CONTENTS

PART 1

이론편

CHAPTER 1 • 영어교육전문가에게 묻고 싶은 말

CHAPTER 2 • 동요를 활용한 영어교육

CHAPTER 3 • 동요와 챈트 그리고 너서리 라임

"음악은 리듬, 강약, 반복, 기록 체계에 있어서 언어적 요소와 많은 특징을 공유하고 있기 때문에 음악과 언어는 서로 연관된 의사소통체계이다."

• Mcgirr(1995)

CHAPTER 1

영어교육전문가에게 물고 싶은 말

질문 1

5세 아동입니다. 영어를 시작하고 싶지만 어디서 시작을 해야 할지 잘 모르겠습니다.

답변 영어교육은 듣기부터 시작해서 듣기가 어느 정도 되면 말하기로 자연스럽게 연결됩니다. 그리고 이 두 과정이 어느 정도 진행되면 읽기로 넘어가고 마지막으로 쓰기를 하게 됩니다. 따라서 지금 영어 교육의 시작단계에 들어섰다면 듣기 활동에 많은 시간과 노력을 투자해야 합니다. 처음부터 아이가 영어 동화를 접하는 데 어려움을 느끼고 흥미가 없다면 영어동요로 시작하세요. 아이들 귀에 익숙한 멜로디를 가진 너서리 라임을 많이 들어주시고 또 함께 일상생활을 하면서 흥얼거려주세요. 그리고 너서리 라임을 활용할 수 있는 율동이나 게임을 함께 해 주시면 좋습니다. 그리고 차츰 영어동화를 틀어주세요. 영어 전문 교재의 경우 동화 내용을 음악이나 챈트로 만들어 오디오 자료를 제공하고 있습니다. 이들 오디오 자료를 적극 활용해서 영어 듣기를 먼저 충분히 시켜주세요.

질문 2

오랫동안 영어 동요도 들려주고 영화 동화도 열심히 틀어주었습니다. 그런데 아이가 전혀 영어를 하지 못해요.

답변 아이가 모국어를 배울 때, 처음에는 엄마와 아빠 그리고 주변 사람들의 말을 그저 듣거나 반응을 보일 뿐입니다. 그러다가 8개월 무렵이 되면 말을 흉내내기 시작하고 24개월이 되면 말문이 터집니다. 이처럼 하나의 언어를 배우기 위해서는 꼭 거쳐야 하는 관문이 바로 침묵기(Silent Period)입니다. 아이가 아직 말할 준비가 되어 있지 않다면 말하기에 대한 불안감을 느끼지 않고 편안하게 듣기 활동만 할 수 있도록 배려하고 인내심을 가지고 기다려주는 것이 필요합니다. 영어를 꽤 오래 들려주었는데 아이가 아직도 영어로 말을 하지 않는다고 실망하지 마세요. 아이는 침묵기에 있습니다. 그리고 아이가 좋아하는 영어동요와 영어 동화를 꾸준히 계속 틀어주고 아이의 흥미를 유발할 수 있는 영어 동요를 활용한 활동도 해주세요.

질문 3

아이와 집에서 할 수 있는 영어 교육법 좀 알려주세요.

답변

아이를 듣기 환경에 최대한 노출시켜주는 것이 중요합니다. 영어 동요를 집에서 틀어주세요. 아이들은 안 듣는 것 같아도 영어 동요를 자신도 모르는 사이에 흡수합니다. 이유는 어린아이들은 영어를 습득할 수 있기 때문입니다. 어른들이 영어를 학습을 통해 배우는 반면 아이들은 영어 노출을 통해 습득할 수 있습니다. 그러므로 아이들에게 영어 환경을 마련해주는 것이 가장 중요합니다. 그리고 영어 교육의 시작은 듣기이기 때문에 영어 동요나 영어 동화를 틀어주는 것이 영어 교육 환경을 아이들에게 만들어 줄 수 있는 가장 쉬우면서도 효과적인 방법입니다.

질문 4

어린이 영어 교재를 보니 동요와 챈트라는 말이 자주 나옵니다. 둘다 노래 같은데, 동요와 챈트가 다른 가요?

답변

어린이들은 호기심이 강한 반면 집중력이 짧고 쉽게 싫증을 내기 때문에 언어 요소에 관한 지루한 설명을 하거나 단순히 반복 연습을 하는 경우 학습 효과가 떨어집니다. 이때 노래와 챈트 그리고 라임을 사용하면 아이들은 즐거운 멜로디와 리듬에 쏙 빠져 무의식적으로 반복 학습을 할 수 있습니다.

아이들이 부르기 적합한 노래들이 동요입니다. 동요는 'London Bridge'와 같이 오래 전부터 전해 내려오던 전래 동요와 최근 들어 아이들이 즐겁게 부를 수 있도록 만들어진 창작동요로 나눌 수 있습니다. 이들 노래는 모두 음악과 리듬 그리고 가사를 갖고 있습니다.

챈트는 동요에서 멜로디에 중점을 두지 않고 리듬과 가사를 강조한 것입니다. 챈트는 단순한 문장과 표현에 리듬을 넣어 반복함으로써 학습시키려는 표현을 쉽게 기억할 수 있게 합니다.

질문 5

우리나라 동요도 잘 못 부르는 데 영어 동요를 틀어줘도 괜찮을까요? 가사를 못 따라해서 영어 동요를 안 부를까 걱정입니다.

답변 아이에게 신나는 영어 동요 위주로 많이 틀어주고 엄마가 함께 불러주세요. 아이에게 따로 시간을 정해서 틀어주는 것도 좋겠지만 아이가 잘 따라오지 않는다면 자투리 시간을 적극 활용해 보세요. 유치원이나 어린이집 셔틀버스를 기다리는 지루한 시간에 아이에게 신나는 영어 동요를 함께 불러주는 것도 좋습니다. 딱히 다른 활동이 없기 때문에 아이의 참여를 이끌어내기가 수월합니다. 간단한 손유희를 함께 할 수 있는 너서리 라임들도 좋습니다. 그냥 노래만 부르면 아이가 지루해 할 수도 있으니까 손뼉치기 라임이나 손으로 해볼 수 있는 간단한 동작이 가능한 너서리 라임을 활용해 보세요.

질문 6

인터넷에서 검색하다보면 마더구스라는 말도 자주 보게 됩니다. 마더구스가 너서리 라임인가요?

답변 너서리 라임은 아주 오랜 역사를 갖고 있습니다. 너서리 라임의 절반에 해당하는 분량이 400여 년 전에 만들어졌습니다. 나머지는18세기 이전에 만들어졌는 데 그중 10% 정도에 해당하는 분량이 18세기 이후에 만들어졌습니다. 이런 긴 역사에도 불구하고 너서리 라임이라는 용어는 1815년에 영국에서 처음 사용하기 시작했습니다. 너서리 라임이라고 하면 바로 마더구스를 떠 올리게 됩니다. 너서리 라임을 마더구스라고도 하는 이유는 Mother Goose라고 불리는 할머니가 너서리 라임을 모았고, 너서리 라임 중에서 Mother Goose rhyme의 비중이 크기 때문에 마더구스가 너서리 라임을 지칭하게 되었습니다. 그리고 17세기 프랑스에서 옛날이야기 모음집이 출간되었는데 제목이 'Tales of Mother Goose'였습니다. 결국 마더구스는 사람의 이름을 지칭하기 보다는 라임 모음집을 말합니다. 그런데 이러한 너서리 라임 중에서는 비교육적인 내용을 담고 있는 것들도 많았습니다. 그래서 너서리 라임 개혁주의자들이 아이들에게 적합하지 않는 유해한 라임들을 배척하고 정리하기 시작하였습니다. 이러한 과정에서 너서리 라임은 대중적으로 널리 알려진 용어가 되었습니다.

질문 7

너서리 라임의 가사를 아이에게 번역해서 알려주고 싶은데 해석이 잘 안되는 부분도 있어요. 어떡하죠?

답변 대부분의 너서리 라임은 노래를 만든 사람이 잘 알려져 있지 않습니다. 이런 전래 동요는 각 시대의 정치적, 사회적 상황을 반영하고 있으며 오랜 세월이 지나면서 정치적 성격은 사라지고 가사만 남게 되었고 고전적인 표현도 많이 갖고 있기 때문에 현대적 시각에서 노래 가사를 바라보면 그 의미를 이해하기 어렵습니다. 그렇기 때문에 전래동요 문장의 모든 의미를 그대로 해석하여 외우지 말고, 가사를 현대 생활과 현대 관용 표현에 맞게 이해시키고 바꾸어 불러보는 것도 좋습니다. 그리고 의성어를 많이 사용하기 때문에 번역이 어려운 가사들이 꽤 많습니다. 의성어는 의성어 그대로 가르쳐 주세요.

질문 8

어린이 영어교육에 영어동요와 챈트가 교육적으로 효과가 있나요?

답변 노래와 챈트는 즐거운 멜로디와 리듬을 가지고 언어를 무의식적으로 반복 학습을 하게 하는 효과적인 학습 도구입니다. 노래의 가사에 따라 동작을 함께 해 봄으로써 기억력과 집중력을 향상시키며 언어의 네 기능을 모두 연습시킬 수 있는 효과적인 교수 방법입니다. 언어적 측면에서는노래와 챈트는 어휘, 관용어, 문법, 발음, 강세, 억양 등의 다양한 언어 형태를 종합적으로 연습하고 교정하고 향상시키는 데 효과적입니다.

무엇보다도 너서리 라임의 시적 언어는 풍요한 상상력과 다양한 어법으로 되어 있어서 아이들의 지능 발달에 큰 역할을 하며, 너서리 라임을 통해 영어 익히기에 도움이 되는 영미문화를 이해할 수 있습니다.

질문 9

아이가 너무 내성적이고 다른 아이들과 함께 잘 어울리지 못하고 혼자서 놀기를 좋아합니다. 영어 뮤지컬을 배우는 게 도움이 될까요?

답변 노래와 챈트는 아이들에게 정확한 정답을 요구하거나 경쟁을 유도하지 않고 즐겁게 활동에 참여시키기 때문에 새로운 언어를 습득하는데 부담감을 줄여주고 학습에 대해 긍정적인 태도를 키워줍니다. 또한, 노래활동은 아이들에게 새로운 언어에 대한 흥미와 편안함을 느끼게 해주어 새로운 언어 학습에 대한 동기를 높여줍니다. 그래서 내성적인 아이들 조차도 즐겁게 노래를 따라 부르다보면 자연스럽게 언어를 습득할 수 있게 됩니다. 함께 노래 연습을 하고 공연을 성황리에 마치고 나면 아이들은 해당 노래를 더 오래 기억합니다. 친구들과 서로 역할을 맞춰가며 작업을 하는 팀원으로서의 역할과 규칙을 습득하게 되어 굉장한 성취감을 맞보게 됩니다. 특히, 이런 팀 활동을 통해 구성원으로서 자신의 존재감을 발견하고 기본적인 역할을 배워나갈 수 있습니다. 아이가 다른 아이와 어울릴 수 있는 기회를 더 많이 만들어주세요. 영어 뮤지컬에 참여해 보는 것도 좋은 것 같습니다.

질문 10

만 4세가 되는 아이들에게 어떤 노래가 적합할까요?

답변 모든 노래가 아이들에게 적합한 것은 아닙니다. 아이들에게 적합한 노래는 아이들이 쉽게 소화해 낼 수 있고 아이들의 정서와 감정에 영향을 미치는 밝은 장조의 곡이 좋습니다. 특히, 조표가 없는 다장조의 곡을 추천합니다. 노래의 형식은 8~12마디의 한 도막 형식이나 작은 세 도막 형식 혹은 4-6도막 형식이면서 단순하고 반복성이 강한 곡이 좋습니다. 유아는 인내력, 기억력, 순간 암기력 등에 한계가 있으므로 긴 형식의 노래보다는 짧은 형식의 노래가 바람직합니다. 또한, 목소리에 무리가 가는 음악의 노래와 음정이 너무 높지 않은 것으로 선택하는 것이 좋습니다.

질문 11

영, 유아기 언어 및 음악적 발달 단계에 대해서 알고 싶습니다.

답변

유아기는 인격의 기초가 형성되고 인지발달이 빠른 시기이며, 소리에 민감하기때문에 언어 발달이나 음악적 발달에 있어서도 중요한 시기입니다. 2~4세 아이의 특징은 언어가 폭발적으로 늘어나며 걷기 등 신체 활동 능력이 급격히 발달합니다. 그래서 즉흥적인 모방을 좋아하고 노래 부르는 것을 좋아합니다. 4~6세에 이르면 노래의 가사를 의식하게 되어 언어 발달에 음악이 큰 역할을 하게 됩니다. 0개월에서 3개월 사이의 신생아는 제한된 소리를 냅니다. 3개월부터 18개월 정도에는 주위의 소리를 모방하기도 하고 음악적인 옹알이를 합니다. 18개월부터 36개월에는 멜로디와 리듬을 모방하여 대략적으로 노래를 부를 수 있습니다. 그러다가 36개월부터 48개월 사이에는 노래를 점점 정확하게 부를 수 있게 됩니다. 이런 시기적 구분도 아이들 간의 개인차가 있습니다.

질문 12

요즘 어린 자녀를 두신 부모님들은 태교 때부터 영어 동요를 열심히 들려주는데 이런 노력들이 정말 아이들의 영어 교육에 효과가 있을까요?

답변

요즘 아이들도 예전 우리가 자랄 때처럼 옛날부터 전해 내려오는 노래를 부르면서 성장합니다. 전래적으로 내려오는 너서리 라임을 아이와 함께 따라 부르다 보면 아이들은 힘들이지 않고 자연스럽게 영어의 네 가지 기능이 발달하게 됩니다. 특히 갓 태어난 아기에게는 이런 너서리 라임이 청취력 향상에 무척 효과적입니다. 무엇보다도 너서리 라임의 시적 언어는 풍요한 상상력과 다양한 어법으로 되어 있어서 아이들의 지능 발달에 큰 역할을 합니다. 또한 너서리 라임을 통해 영어 익히기에 도움이 되는 영미문화를 이해할 수 있습니다.

질문 13

아이에게 영어 자장가를 들려주는 것이 효과가 있을까요?

답변 너서리 라임은 아이에게 심리적 안정을 주는 운율로 되어 있어 무의식적으로 영어를 습득하게 됩니다. 영어권에서 불리는 "Hush my baby, go to sleep, close your eyes in slumber deep, still, still, still"이라는 자장가는 아이들에게 리듬과 각운을 활용해 반복해서 들려주면 자연스럽게 영어를 음미하게 됩니다. 아이를 가볍게 토닥거리면서 불러주면 평안하게 노래를 들으며 쉽게 잠에 들 수 있습니다. 혹은 어린이집 휴식 시간, 낮잠 자는 시간이나 헤어질 때 틀어주거나 함께 불러보는 것도 좋습니다.

질문 14

너서리 라임을 효과적으로 지도하는 방법 좀 알려주세요.

답변 너서리 라임 지도 방법은 우선 라임을 들려주고, 함께 불러보고, 율동과 리듬에 맞춰 손동작과 몸동작을 아이와 함께 해 봅니다. 이 책에서는 너서리 라임을 사용하여 할 수 있는 율동과 손유희 그리고 활동에 대해 설명하고 있습니다. 책의 내용을 많이 활용해서 아이들에게 너서리 라임을 통해 영어 교육을 효과적으로 진행해 보세요.

아이를 위한 100가지 칭찬

아이에게 칭찬만큼 좋은 교육 비타민은 없습니다. 아이가 열심히 하는 모습을 보일 때 늘 칭찬을 아낌없이 해주세요. 그리고 여기 정리한 100가지 칭찬과 함께 아이를 꼭 끌어 안아주며 미소를 보내주세요.

Wow
Your Special
Great
Well Done
I'm Proud of You
Super Star
You're on top of it
You're Catching On
Bravo
You're on Target
How Smart
That's incredible
You're Beautiful
Good for You
Remarkable Job
You're Spectacular
Great Discovery
Fantastic Job
Magnificent
You're important
Super Work
Fantastic Job
You are Responsible
What an Imagination
You're Growing up
Beautiful Sharing
I Trust You
You make me Happy
You make me Laugh
You Mean the World to me
You're a Treasure
Awesome A+Job
You Made My Day
A Big Kiss

Way to Go
Outstanding
Good
Remarkable
Fantastic
Nice Work
Beautiful
Now You've Got it
You're Fantastic
Your on Your way
How fantastic
Hot Dog
You're Unique
I like you
Beautiful work
You're Darling
You've Discovered the Secret
Hip, Hip, Hurray
Marvelous
Phenomenal
Creative Job
Exceptional performance
You Are Exciting
What a Good Listener
You Tried Hard
Outstanding Performance
You're important
You Belong
You Brighten My Day
That's Correct
You're Wonderful
You're A-OK
That's The Best
I Love You

Super
Excellent
Neat
I knew you could Do it
Good
Looking Good
Now You're Flying
You're Incredible
Hurray ForYou
How nice
Good Job
Dynamite
Nothing can Stop You Now
You're a Winner
Spectacular
You're Precious
You Figured it out
Bingo
Terrific
You're sensational
Super Job
You're a Real Trooper
You Learned it Right
You are Fun
You Care
You're a Good Friend
You Mean A Lot to Me
You've Got a friend
I respect you
You're a Joy
You're Perfect
My Buddy
A Big Hug

CHAPTER 2

동요를 활용한 영어교육

아이들은 영어 수업 시간에 배웠는지 "Sunday, Monday~" 노래를 일주일 내내 부릅니다. 월요일, 화요일 순서도 잘 못 외우는 아이들이 영어 동요를 신나게 따라 부르며 자연스럽게 영어 요일 이름을 배우고 있네요. 이런 아이들을 보면서 영어동요가 아이들에게 얼마나 자연스러운 영어 학습 방법인가를 실감합니다..

2.1 동요, 챈트, 그리고 라임

아이들은 호기심이 강하지만 집중 시간이 짧고 쉽게 싫증을 내기 때문에 언어 요소에 관한 지루한 설명을 하거나 단순 반복 연습을 하는 경우 학습 효과가 떨어집니다. 이때 동요와 챈트 그리고 라임을 사용하면 아이들은 즐거운 멜로디와 리듬에 쏙 빠져 무의식적으로 반복 학습을 할 수 있습니다. 그래서 아이들 영어 교재에는 영어 동요, 챈트, 라임이라는 용어가 자주 등장하게 됩니다. 자주 접해서 익숙한 용어지만 동요와 챈트 그리고 라임에 대해 구체적으로 그 의미를 명확하게 알고 계시는 분은 많지 않습니다. 동요와 챈트 그리고 라임에 대한 교육적 효과와 활용방법을 알아보기 전에 이들 용어들의 의미를 정리해 봅니다.

(1) 동요(Children's song)

동요는 'London Bridge'와 같이 오래 전부터 전해 내려오던 전래 동요와 최근들어 창작된 창작동요로 나눌 수 있습니다. 이들 동요는 모두 음악과 리듬 그리고 가사를 갖고 있습니다. 전래 동요의 경우 대부분 동요를 만든 사람이 알려져 있지 않습니다. 이들 전래 동요는 각 시대의 정치적, 사회적 상황을 반영하고 있으며 오랜 세월이 지나면서 정치적 성격은 사라지고 가사만 남고 고전적인 표현도 많이 갖고 있기 때문에 현대적인 시각에서 동요 가사를 보면 그 의미를 이해하기 어렵습니다. 그러므로 전래동요 문장의 모든 의미를 그대로 해석하여 외우기 보다는 가사를 현대 생활과 현대 관용 표현에 맞게 바꾸어 아이에게 불러주면 좋습니다.

비록 전래동요가 정치적, 사회적 상황을 반영하여 만들어진 것들이 많지만 'ABC song'이나 'Twelve months of the year' 등과 같이 동요 중에는 특정한 학습 목표를 두고 창작된 것들도 있습니다. 특히, 요즘 제작되고 있는 영어 교재용 동요의 경우에는 아이들의 영어 단어와 표현 확장을 위해 특정 주제를 중심으로 제작된 창작동요가 대부분입니다.

(2) 챈트(Chant)

동요에서 멜로디에 중점을 두지 않고 리듬과 가사를 강조한 것이 챈트입니다. 챈트는 단순한 문장과 표현을 영어 억양에 맞게 리듬을 넣어 읊조리는 것으로 리듬을 실어 반복함으로써 학습시키려는 표현을 쉽게 기억할 수 있게 합니다. 챈트를 놀이 활동과 같이 하면 학습 효과가 더 커집니다. 예를 들면, 아이들에게 플래시 카드나 그림책을 보여주면서 'Who is it?'이라고 질문하면 아이들이 그림에 해당하는 대답을 합니다. 어느 정도 진행이 되면 역할을 바꾸어 아이가 질문을 하고 다른 사람이 답변을 해봄으로써 재미있게 반복 학습을 할 수 있습니다.

(3) 라임(Rhyme)

영미권 및 유럽에서 예로부터 전해 내려오는 동요를 트래디셔날 너서리 라임(Traditional Nursery Rhyme) 혹은 마더구스 (Mother Goose)라고 합니다. 그리고 너서리 라임(Nursery Rhyme)은 그냥 라임(Rhyme)이라고 부르기도 합니다. 사전에서는 너서리 라임 관습적으로 어린아이에게 들려주거나 불러주는 시 혹은 짧고 단순한 각운을 맞춘 시나 노래라고 정하고 있습니다.

Blanche Fisher Wright's cover artwork for the Rand McNally 1916 book The Real Mother Goose
자료출처: http://en.wikipedia.org/wiki/Mother_Goose

우리나라에서도 아이들이 줄넘기를 하거나 고무줄 놀이를 하면서 부르던 "꼬마야, 꼬마야", "원숭이 엉덩이는 빨개~ 빨가면 사과~"와 같은 전래동요나 자장가, 수수께끼, 말놀이 등이 언어 학습 자료로 무의식 중에 아이들의 언어 발달에 영향을 끼치는 것처럼 너서리 라임도 외국 아이들의 언어 교육에 자연스럽게 활용되어 오고 있습니다. 너서리 라임의 절반에 해당하는 분량이 400여 년 전에 만들어진 것이고 나머지는 18세기 이전에 만들어졌으며 그 중 10% 정도에 해당하는 분량이 18세기 이후에 만들어졌다고 합니다. 이런 긴 역사에도 불구하고 너서리 라임이라는 용어는 1815년 영국에서 처음 사용하기 시작했습니다. 너서리 라임이라고 하면 대표적으로 떠오르는 이름이 바로 마더구스인데 전래 동요를 마더구스라고 하는 이유는 'Mother Goose'라는 이름을 가진 할머니가 너서리 라임을 모았던 것에 유래한 용어로 너서리 라임 중에서 'Mother Goose Rhyme' 비중이 크기 때문에 마더구스가 너서리 라임을 지칭하기도 합니다. 또한, 17세기에 프랑스에서 옛날이야기 모음집이 출간되었는데 제목이 'Tales of Mother Goose'였습니다. 따라서 마더구스는 사람의 이름을 지칭하기 보다는 라임 모음집을 말합니다.

자료출처: http://www.gutenberg.org/files/17208/17208-h/images/cover.jpg

이러한 너서리 라임 중에서는 비교육적인 내용을 담고 있는 것들도 많았습니다. 그래서 너서리 라임 개혁주의자들이 아이들에게 적합하지 않는 유해한 라임들을 배척하고 정리하기 시작하였습니다. 이러한 과정에서 너서리 라임의 용어가 대중화되었습니다. 우리나라에는 작은별로 불리고 있는 'Twinkle, Twinkle Little Star'로 잘 알려진 제인 테일러(Jane Taylor)와 그의 언니인 앤 테일러(Ann Taylor)가 1806년에 'Rhyme for the Nursery'라는 동시집을 발표하면서 너서리 라임에 대한 관심이 높아졌고 아이들 언어교육에 좋은 자료로서 적극 활용되어 오고 있습니다.

2.2 동요와 챈트의 활용 효과

동요와 챈트는 즐거운 멜로디와 리듬과 함께 언어를 무의식적으로 반복 학습을 가능하게 하는 효과적인 학습 도구입니다. 동요의 가사에 따라 동작을 함께 해 봄으로써 기억력과 집중력을 향상시키며 언어의 4가지 기능을 모두 연습시킬 수 있는 효과적인 교수방법입니다.

동요와 챈트를 아이들의 영어 학습 지도에 활용할 경우 학습 효과를 높일 수 있다는 사실은 여러 연구를 통해 잘 알려져 있습니다. 다음은 동요와 챈트가 영어 학습에 미치는 효과에 대해 살펴보기로 하겠습니다.(Jean Brewster and Gail Ellise with Denis Girard, 2001).

- 언어 교육적 측면(A linguistic resource)
- 심리적/정서적 측면(A psychological/affective resource)
- 인지 발달 측면(A cognitive resource)
- 사회/문화적 측면(A cultural resource/A social resource)

(1) 언어 교육적 측면(A linguistic resource)

아이들은 신나는 노래는 여러 번 불러도 재미있다고 또 부릅니다. 가사를 외우도록 한 것도 아닌데 가사를 줄줄 외워 부릅니다. 이처럼 동요, 챈트, 라임은 흥미를 잃지 않고 재미있게 반복 학습할 수 있는 활동입니다. 아이들은 새로운 언어에 대한 능력을 지속적으로 강화시키고 새로운 언어 형태를 복습시켜 아이가 언어를 구사할 때 다시 기억해 사용할 수 있도록 도와줍니다. 동요와 챈트는 어휘, 관용어, 문법, 발음, 강세, 억양 등의 다양한 언어 형태를 종합적으로 연습하고 교정하고 향상시키는 데 효과적입니다.

외국 현지에서 외국인과 대화를 하다보면 분명 영어 문법에 잘 맞춰 말을 함에도 불구하고 외국인이 알아듣지 못해서 당황 하게 되는 경우가 종종 있습니다. 이런 경우는 발음이 틀린 경우보다는 강세와 억양을 잘못 적용한 경우가 대부분입니다. 우리말은 음절 리듬(syllable-timed rhythm)을 가지고 있어서 말의 음절 개수에 따라 말하는 데 걸리는 시간이 결정됩니다 . 하지만 영어의 경우 강세 리듬(stress-timed rhythm)을 갖고 있어 음절의 개수가 아니라 강세의 개수에 따라 말을 하는 데 걸리는 시간이 결정됩니다. 또한, 우리말에는 특정 음절을 강하게 발음하거나 약하게 발음 하는 것과는 무관하게 같은 속도로 모든 음절을 발음하게 됩니다. 하지만 영어의 경우 의미전달 요소에 따라 강세가 결정됩니다. 따라서 문장의 의미전달에 큰 영향을 미치는 명사, 동사, 형용사와 같은 내용어(content word)는 강하게 발음이 됩니다. 반면에 전치사, 접속사, 대명사와 같은 기능어 (function word)는 강세가 주어 지지 않고 말하는 사람의 의도에 따라 강세가 주어지기도 합니다. 이런 영어의 자연스러운 억양과 강세 그리고 이런 과정에서 파생되는 영어 특유의 리듬을 효과적으로 습득하는 데 동요와 챈트가 효과적입니다. 아이들이 재미있게 반복적으로 패턴과 리듬을 학습하다보면 어휘 습득과 문장 구조 이해가 자연스럽게 이뤄지며 동시에 자연스럽게 영어 발음이 향상되는 효과도 볼 수 있게 됩니다.

특히, 내성적인 아이들 조차도 아이들이 즐겁게 동요를 부르다보면 새로운 언어를 익숙하지 않은 발음으로 말하고 있다는 어색함에서 벗어나게 되어 자연스럽게 언어를 습득할 수 있습니다. 이외에도 동요와 챈트를 활용한 교수법은 아이 중심의 수업과 흥미로운 수업을 조성하여 아이들의 언어 능력을 향상 시키는데 효과적입니다.

(2) 심리적/정서적 측면(A psychological/affective resource)

동요와 챈트는 아이들에게 정확한 정답을 요구하거나 경쟁을 유도하지 않고 즐겁게 활동에 참여시키기 때문에 아이들이 새로운 언어를 습득해야 하는 부담감을 줄여 줍니다. 그래서 아이들이 새로운 언어 학습에 대해 긍정적인 태도를 키워줍니다. 동요활동은 아이들에게 새로운 언어에 대한 흥미와 편안함을 느끼게 해주어 새로운 언어 학습에 대한 동기를 높여줍니다. 크라센(Krashen)이 언급한 것처럼 정의적 여과 장치(Affective filter)를 낮춰줌으로써 언어 습득이 효과적으로 일어날 수 있도록 합니다. 아이들은 여러 다른 아이들과 함께 동요하고 챈트를 따라하다 보면 안정감을 느끼고 좀더 새로운 언어를 따라하는 데 적극성을 띠게 되므로 자신감과 성취감도 높아져 언어 능력이 좀 더 효과적으로 향상됩니다.

또한, 동요는 언어와 음악이 결합된 형태로 아이들이 동요를 부를 때 좌뇌와 우뇌가 상호 소통하는 상태가 됩니다. 좌뇌는 논리적이며 분석적이기 때문에 언어에 관한 기능이 있는 반면 우뇌는 감각적이고 직관적이여서 감성적인 기능과 연관이 많습니다. 이렇게 서로 다른 역할을 분담하고 있는 좌뇌와 우뇌 기능이 함께 자극을 받는 다면 단일 기능이 자극을 받는 것보다 훨씬 더 큰 학습 효과가 발생합니다. 즉, 음악이 정서적인 면에서 감흥을 불러일으키며 우뇌를 자극하며 언어는 논리적인 성격으로 좌뇌를 자극하여 동요를 부를 때 음악과 언어가 상호 보완 되어 아이의 두뇌 활동을 촉진시킵니다. 신나는 동요를 부르면 아이들은 저절로 박자에 맞춰 몸을 흔들기도 하고 신나는 표정을 짓는 등 음악에 대한 감정을 다양하게 표현하고 동요 내용에 대해 다양한 반응을 보입니다. 크라센(Krashen)도 동요는 아이들이 언어 습득을 할 수 있도록 반복하는 기능을 촉진하므로 동요로 배운 언어는 기억에 오래 남는다고 하였습니다. 결국, 동요와 챈트와 같은 음악적인 도구를 활용하면 높은 언어 학습 효과를 볼 수 있습니다.

(3) 인지 발달 측면(A cognitive resource)

인지발달 측면에서 볼 때, 동요와 챈트는 집중력, 기억력과 협응력 향상에 도움을 줍니다. 아이들은 라임을 통해 가사의 의미를 이해할 수 있으며, 가사의 반복적 표현을 통해 다음 내용에 대한 예측이 가능하며 문장의 반복은 언어 내용을 내재화 시키는데 큰 도움이 됩니다. 또한, 노래를 부르며 함께하는 율동과 제스춰는 의미를 강화시켜줄 뿐만 아니라 열정이 넘치는 학습자들을 긍정적인 방법으로 에너지를 쏟도록 합니다. 그리고 수업의 속도나 분위기를 전환 시켜주고 다양한 학습 방법을 가질 수 있도록 학습자를 육성하며 좋은 공부 습관을 가지도록 합니다.

(4) 사회성 및 문화적 측면(A social resource / A cultural resource)

유치원이나 어린이집 재롱잔치에서 함께 노래 연습을 하고 공연을 성황리에 마치고 나면 아이들은 해당 동요를 오래 기억할 뿐 아니라 다른 아이들과 서로 역할을 맞춰가며 작업을 하는 팀원으로서의 역할과 규칙을 습득하고 굉장한 성취감을 맛보게 됩니다. 이처럼 아이들은 그룹활동으로 노래하거나 챈트를 같이 따라 부르다보면 사회 구성원으로서의 경험을 함께 나눌 수 있습니다. 그리고 함께 공연을 함으로써 팀의 구성원으로서 자신의 존재감을 발견하고 기본적인 역할을 배워나갈 수 있습니다. 또한 동요를 통해서 아이들은 동요 가사에서 해당 언어 국가의 문화적인 배경에 대한 정보를 얻게 됩니다. 동요 가사를 듣다보면 다른 나라 문화에 대해 자연스럽게 접하게 되고 이해하게 됩니다. 동요에는 그 문화 속의 언어가 갖고 있는 독특한 운율, 고저, 강약 등을 반영하기 때문에 우리말의 특징과 비교해 가면서 이런 다양한 요소들을 연습하고 교정할 수 있습니다.

CHAPTER 3

동요와 챈트 그리고 너서리 라임

3.1 동요

머피(Murphey)에 의하면 인간에게 있어 동요는 언어 이전에 이미 존재했으며, 아이는 언어 발달에 앞서 동요를 하고 동요는 아이의 언어 발달을 돕는 다고 합니다. 그렇기 때문에 아이에게 적합한 동요를 언어 학습에 이용하면 매우 효과적입니다. 아이에게 적합한 동요를 알아보기 전에 아이의 동요 발달 단계를 먼저 살펴보도록 합니다.

(1) 아이의 음악적 발달 단계

유아기는 인격의 기초가 형성되고 인지발달이 빠른 시기이며, 소리에 민감한 시기이기 때문에 언어 발달이나 음악적 발달에 있어서도 중요한 시기입니다. 2~4세 아이의 특징은 언어가 폭발적으로 늘어나며 걷기 등 신체 활동 능력이 급격히 발달합니다. 그래서 즉흥적인 모방을 좋아하고 동요 부르는 것을 좋아합니다. 4~6세에 이르면 동요의 가사를 의식하게 되어 언어 발달에 음악이 큰 역할을 하게 됩니다.

단계	시기	특징
제1단계	초기 발성기 (0~3개월)	신생아들은 제한된 소리들을 냅니다.
제2단계	목소리 실험과 모방하기 (3개월~18개월)	주위의 소리를 모방하기도 하고 변화시키기도 합니다. 음악적인 옹알이를 합니다.
제3단계	대략적으로 동요 부르기 (18개월~36개월)	멜로디와 리듬을 모방해 부를 수 있습니다.
제4단계	조금 정확하게 동요 부르기 (36개월~48개월)	동요를 점점 정확하게 부를 수 있게 됩니다.
제5단계	더 넓은 범위에서 정확하게 동요 부르기 (48개월 이상)	부를 수 있는 동요의 음높이나 리듬, 노랫말 수준이 높아집니다.

개인차이는 있겠지만 이런 단계들이 아이의 언어 발달과 밀접한 관계를 갖고 있습니다.

(2) 아이에게 적합한 동요

모든 동요가 아이들에게 적합한 것은 아닙니다. 아이들이 쉽게 소화해 낼 수 있는 동요가 아이들에게 가장 좋은 동요입니다. 동요의 조성은 아이들의 정서와 감정에 영향을 미치기 때문에 되도록이면 밝은 장조의 곡이 좋습니다. 특히, 조표가 없는 다장조의 곡을 추천합니다. 동요의 형식은 8~12마디의 한 도막 형식이나 작은 세 도막 형식 혹은 4 ~ 6도막 형식이면서 단순하고 반복성이 강한 곡이 좋습니다.

3.2 챈트(Chant)

챈트는 리듬의 요소가 강조된 노래와 말하기의 중간단계에 해당합니다. 문장이나 단어가 반복되기 때문에 새로운 언어를 익히는데 많은 도움이 됩니다. 특히 듣기와 말하기 기술을 익히는 데 있어서 노래나 게임과 같은 다른 활동보다 더 효과적입니다. 챈트를 부르면서 박자치기를 하면 흥미와 집중력을 더 끌어낼 수 있습니다.

(1) 챈트의 장·단점

챈트의 장점은 챈트는 그룹 활동으로 활용하면 아이들에게 자신감을 심어주며 초기에 성취감을 줄 수 있습니다. 영어의 억양, 발음, 리듬 등을 연습시킬 수 있으며, 짧은 휴식 시간이나 다른 활동으로 전환할 때 활용하면 수업을 선생님이 원하는 방향으로 바꿀 수 있습니다. 동작과 함께 하면 챈트에서 사용하는 단어와 표현에 의미를 쉽게 이해시킬 수 있으며 지루하지 않게 반복할 수 있기 때문에 기억력과 집중력을 높일 수 있습니다.

반면 챈트를 리듬치기나 손뼉치기로 인해 박자를 너무 의식하다보면 강세의 오류를 범할 수도 있습니다.

(2) 챈트의 종류

챈트에는 TPR 챈트, 문답형 챈트, 그리고 스토리텔링 챈트의 종류가 있습니다.

TPR 챈트는 애셔(Asher)가 최초로 창안하였으며 선생님의 지시에 따라 아이들이 신체적 반응을 합니다. 그래서 듣고 이해하는 능력이 말하기보다 먼저 발달하게 됩니다. TPR 챈트는 내용을 그림카드로 제시하여 필요한 동작을 알려줍니다.

예를들면 : Ally bally, Ally bally bee. Stand up. Sit down. Hee, hee, hee!
Open and close. Open and close. Stand up. Sit down, Hee, hee, hee!

문답형 챈트는 대화 문장으로 구성됩니다. 챈트의 내용을 충분히 익히게 되면 아이들을 두 그룹으로 나눠 한쪽은 질문을 하게 하고 다른 쪽은 답변을 하게 합니다.

예를 들면 : What is she? She's a teacher.
What is she? She's a singer.
What is she? She's a nurse, a nurse, a nurse, a nurse, a nurse.

스토리텔링 챈트는 초급 단계에서 고급 단계까지 언어 능력을 향상시키는 데 효과적입니다. 동화는 대본으로 구성되어 해설자가 이야기를 이끌어가고 등장인물의 대화 중간에 챈트를 넣어 스토리텔링을 진행합니다. 이렇게 하면 아이들이 이야기에 몰입하게 되어 영어 학습의 효과가 높아집니다.

예를들면 : We're going on a bear hunt. We're going to catch a big one.
What a beautiful day! We're not scared.
Uh-uh! Grass! Long wavy grass/We can't go over it. We can't go under it.

3.3 동요와 챈트 활용 방법

동요와 챈트는 다양한 방법으로 아이들 영어 교육에 활용할 수 있습니다.

(1) 준비단계(As warmers)

본격적인 수업시간 들어가기 전 준비운동처럼 가볍게 아이들의 수업 분위기를 풀어주는 데 사용합니다. 날씨에 관한 영어 동요를 활용하거나 첫 수업인 경우 다음과 같은 'Hello song' 동요를 친구들과 인사 나누며 신나게 부르면 아이들은 긴장감도 많이 해소되고 편안한 분위기에서 수업을 시작할 수 있게 됩니다.

> Hello, hello, hello.
> How are you?
> I like to be with you and
> you and you and you.

(2) 전환단계(As a transition from one activity to the next)

한 활동에서 다른 활동으로 전환할 때 아이들의 흐트러진 주의력을 다시 집중시키기 위해서 사용할 수 있습니다.

(3) 마무리단계(Closers)

수업을 마무리할 때 사용합니다. 수업에 관련된 동요를 부르면 수업에 대한 내용을 정리할 수 있으며 헤어질 때 부르는 노래가 준비 되어 있다면 함께 부르면서 자연스럽게 수업을 마칠 수 있습니다. 또한, Clean Up 노래를 부르면서 교실을 간단하게 정리할 수도 있습니다.

> Clean up! Clean up!
> Everybody. Everywhere.
> Clean up! Clean up!
> Everywhere your share.

(4) 새로운 표현이나 단어 소개(To introduce new language)

너서리 라임이나 특별히 단어를 정리할 수 있도록 만들어진 챈트나 동요를 사용하여 아이들이 쉽게 새로운 표현과 단어에 익숙해 질 수 있습니다.

(5) 스토리텔링과의 연계성 (To channel high levels of energy or to integrate with storytelling)

스토리텔링 수업에 노래를 활용하면 아이들이 노래를 통해 이야기에 더 쉽게 익숙해지고 관심을 갖게 됩니다. 그래서 아이용 영어 그림책에는 스토리텔링에 활용할 수 있도록 동화의 내용을 가사로 하여 만든 동요와 챈트가 오디오 CD와 함께 구성되어 있습니다.

(6) 언어 연습(To practice language)

아이들이 노래를 흥얼거리다보면 그 노래 속의 표현들이 자연스럽게 습득이 됩니다. 특히 동요나 너서리 라임은 문학적 표현이 많기 때문에 아이들의 표현력 향상에도 많은 도움이 됩니다.

이외에도 아이들이 언어 개선 시, 수업의 분위기를 조절하거나 집중력을 이끌어 낼 때 그리고 특정한 주제에 접근을 할 때 유용합니다.

3.4 너서리 라임

어릴 적에 듣고 잠이 들었던 자장가는 자연스럽게 우리 머리 속에 남아 아이들에게 다시 자장가로 들려주고 있습니다. 영어권 나라에서 전해 내려오고 또 즐겁게 불리고 있는 너서리 라임을 통해 아이들의 영어 교육에 활용하는 방법을 알아보도록 합니다.

(1) 교육 자료로서 너서리 라임

외국어와 모국어를 습득하는 시기의 아이들은 너서리 라임을 통해 언어의 소리와 리듬을 자연스럽게 습득할 수 있으며 또한 재미있게 영어 문장의 기본 구조를 익히고 어휘를 습득할 수 있습니다. 너서리 라임은 리듬과 가락이 어휘에 실려 있기 때문에 리듬에 맞춰 흥얼거리다보면 너서리 라임에 담긴 어휘가 쉽게 외어지며 대화 연습에도 효과도 있습니다. 또한 아이들은 너서리 라임에 담겨 있는 정서와 감정까지도 습득하게 됩니다. 그래서 너서리 라임은 아이들에게 접하는 최초의 문학이자 언어를 배우는 도구가 됩니다. 아이들은 엄마가 들려주는 너서리 라임을 함께 부르다보면 힘들이지 않고 자연스럽게 네 가지 언어 기능이 골고루 성장하게 됩니다. 너서리 라임의 교육적 효과를 다음과 같이 정리할 수 있습니다.

첫째, 너서리 라임은 잘 짜여진 각운 체계와 리듬체계를 갖고 있어 발음, 리듬, 억양 연습에 효과적입니다.

둘째, 너서리 라임의 시적인 표현은 상상력을 자극하고 말하기와 쓰기 등의 표현 활동에 유용합니다.

셋째, 너서리 라임은 다양한 어법과 수사법을 사용하고 있어 다양한 해석이 가능합니다. 따라서 아이들이 이야기 이해 능력을 키워주는 데 효과적입니다.

이외에도 너서리 라임은 교육적 자료로서의 가치는 매우 높으며 특히 아이들 영어 교육에 효과적인 교육 자료입니다.

(2) 너서리 라임의 종류

너서리 라임의 종류에는 선택하는 라임(Choosing rhymes), 줄넘기 라임(Jump rope rhymes), 공 튀기기 라임(Ball bouncing rhymes), 손뼉치기 라임(Clapping rhymes) 등이 있습니다.

가. 선택하는 라임(Choosing rhymes)

술래를 정할 때나 무엇을 선택할 때 재미있게 활용할 수 있는 라임입니다. 우리나라에서는 술래를 정할 때 "어느 것으로 할까요, 알아맞혀 보십시~요!"라고 말하면서 한사람씩 가리키다가 마지막에 걸린 사람이 술래가 됩니다. 마찬가지로 영어권 아이들도 선택하는 라임(Choosing rhymes)을 부르면서 음절마다 한 명씩 돌아가며 가리키다가 마지막 음절에서 걸리는 사람이 술래가 됩니다. 대표적인 라임으로는 Eeney meeney miney moe와 Icky, bicky 그리고 One potato, two potatoes가 있습니다.

Eeney meeney miney moe,
Catch a tiger by the toe.
If he hollers let him go
Eeney meeney miney moe! (마지막 moe에 걸리는 사람이 술래가 됩니다)

Icky, bicky, soda, cracker,
Icky, bicky boo.
Icky, bicky, soda, cracker,
Out goes you! (You에 걸리는 사람이 술래가 됩니다)

One potato,
Two potatoes,
Three potatoes,
Four!

Five potatoes,
Six potatoes,
Seven Potatoes,
More!(More에 걸리는 사람이 술래가 됩니다)

나. 줄넘기 라임(Jump rope rhymes)

"똑 똑 누구십니까? 손님입니다. 들어오세요. 문 열어주세요. 하나 둘 셋"은 우리나라 아이들이 줄넘기를 하면서 부르는 전래동요입니다. 줄넘기가 아이들 성장발육에 좋고 재미있는 체육 활동이기 때문에 학교나 체육 학원에서 늘 아이들이 쉽게 즐기는 활동입니다. 이런 줄넘기 놀이 활동이 같은 동작이 반복되기 때문에 이와 잘 어울리는 너서리 라임의 리듬에 맞춰하면 반복적인 영어 학습도 자연스럽고 재미있게 이뤄집니다. 대표적인 줄넘기 너서리 라임으로는 'Teddy Bear'를 들 수 있습니다.

Teddy Bear, Teddy Bear, turn around.
Teddy Bear, Teddy Bear, touch the ground.
Teddy Bear, Teddy Bear, show your shoes.
Teddy Bear, Teddy Bear, that will do.

Teddy Bear, Teddy Bear, go upstairs.
Teddy Bear, Teddy Bear, say your prayers.
Teddy Bear, Teddy Bear, switch off.
Teddy Bear, Teddy Bear, say good-night.

우리나라도 이와 유사한 전래동요가 있습니다. 줄넘기를 하면서 줄을 돌리는 사람이 말하는 대로 줄을 넘으면서 주어진 행동을 합니다.

꼬마야, 꼬마야 뒤를 돌아라! (줄을 넘으면서 뒤를 돌아섭니다)
꼬마야 꼬마야 땅을 짚어라! (줄을 넘고 바로 땅을 짚습니다)
꼬마야 꼬마야 만세를 불러라! (줄을 넘고 만세를 부릅니다)
꼬마야 꼬마야 잘~ 가거라! (줄을 넘고 나옵니다)

'Teddy Bear' 나 '꼬마야' 대신 친구의 이름을 넣고 활동을 하면 더욱 재미있고 아이들의 참여를 잘 이끌어낼 수 있다.

다. 공 튀기기 라임(Ball bouncing rhymes)

공놀이를 하면서 부를 수 있는 라임입니다. 대표적인 것으로 Big bug, sitting on a rug가 있습니다. Big bug, sitting on a rug을 들은 뒤, 한소절이 끝날 때마다 공을 튀기는데, 이때 각 소절마다 다른 동작으로 공을 튀기기를 하면 공놀이가 더 재미있고 난이도를 높일 수도 있습니다. 마지막 소절에 eight을 동음인 ate으로 살짝 표현을 바꾼 것이 아주 재치가 있습니다.

Big bug, sitting on a rug
I one it
I two it
I three it
I four it
I five it
I six it
You ate it!

이외에도 Number one, touch your tongue과 같은 라임도 공놀이를 재미있게 하면서 영어 습득에도 도움을 줍니다.

Number one, touch your tongue.
Number two, touch your shoe.
Number three, touch knee.
Number four, touch the floor.
Number five, learn to jive.
Number six, pick up sticks.
Number seven, go to heaven.
Number eight, over the gate.
Number nine, touch your spine.
Number ten, do it again.

라. 손뼉치기 라임(Clapping rhymes)

우리나라 대표적인 손뼉치기 라임으로 반달을 들 수 있습니다. "푸른하늘 은하수…"에 맞춰 손뼉치기를 하다보면 장난감이 없이도 재미있게 친구들과 시간을 보냅니다. "A sailor went to sea"는 대표적인 손뼉치기 라임입니다.

A sailor went to sea, sea, sea.
To see what he could see, see, see.
But all that he could see, see, see.
Was the bottom of the deep blue sea, sea, sea.

Three sailors went to chop-chop-chop.
To see what they could chop-chop, chop
And all that they could chop-chop-chop
Is the bottom of the deep blue chop-chop-chop.

Three sailors went to knee-knee-knee.
To see what they could knee-knee-knee.
And all that they could knee-knee-knee.
Is the bottom of the deep blue knee-knee-knee.

Three sailors went to China.
To see what they could China.
And all that they could China.
Was the bottom of the deep blue China.

Three sailors went to sea-chop-knee-china.
To see what they could sea-chop-knee-china.
And all that they could see-chop-knee-china.
Was the bottom of the deep blue see-chop-knee-china.

이외에도 'Head and shoulders, baby'가 있습니다.

Head and shoulders, baby, one, two, three.
Head and shoulders, baby, one, two, three.
Head and shoulders, Head and shoulders,
Head and shoulders, baby, one, two, three.

3.5 자장가, 수수께끼, Tongue twister

앞서 살펴본 놀이동요(game rhymes)외에도 너서리 라임은 그 역할과 기능에 따라 수수께끼(riddle), 자장가(lullabies) 그리고 속담(proverbs)로 나눠 볼 수 있습니다.

(1) 수수께끼 라임(Riddles)

수수께끼는 사전적 의미로는 어떤 사물이나 현상에 대해서 바로 말하지 않고 빗대어 말하여 알아맞히는 놀이입니다. 그래서 수수께끼는 상대방이 즉각적으로 대답할 수 없고 한참 동안 생각하게 만듭니다. 수수께끼 라임은 사물과 현상에 대해서 일상적인 감각에서 벗어나 의외의 관점을 제공함으로써 아이들에게 상상력을 불러일으키고 인지적인 충격을 주며 그 수수께끼를 통해 사물과 현상을 다시 한 번 생각해 보도록 합니다. 수수께끼 텍스트는 본질적으로 비유의 성격을 띠기 때문에 발음, 어휘, 수사법, 비유법 훈련을 비롯해서 언어의 네 가지 기능을 연습하는 데 효과적입니다.

다음은 몇 가지 수수께끼 라임의 예입니다.

As I was going to St. Ives, I met a man with seven wives, Every wife had seven sacks, Every sack had seven cats, Every cat had seven kits - Kits, cats, sacks, and wives, How many were going to St. Ives?

답은 Only one was going to St. Ives입니다. 등장인물은 많지만 결국 자기 자신만 St. Ives에 갑니다. 그래서 한 명입니다.

Humpty Dumpty sat on a wall. Humpty Dumpty had a great fall; All the king's horses, and all the king's men, couldn't put Humpty Dumpty together again. What am I?

답은 An egg입니다. 유명한 너서리 라임 험프티 덤프티를 알고 있다면 아이들이 맞힐 수 있는 수수께끼입니다.

Riddle me, riddle me, what is that?
Over the head and under the hat?

답은 hair입니다. 머리 위에 있고 모자 아래 있다면 머리카락이라고 생각할 수 있습니다. 이처럼 수수께끼 라임은 퀴즈 놀이를 좋아하는 아이들에게 재미있는 영어 교육 자료가 됩니다.

(2) 발음연습을 위한 Tongue Twister

"간장공장 공장장은 강공장장이고 된장공장 공장장은 장공장장이다."처럼 비슷한 발음으로 반복되는 문장을 누가 빠르고 정확하게 말하는지 겨루는 놀이를Tongue Twister라고 합니다.

Six sick slick slim sycamore saplings.

A box of biscuits, a batch of mixed biscuits.

Red lorry, yellow lorry, yellow lorry.

PART 2

활용편

2부에서는 율동이나 손유희를 하면서 부를 수 있는 너서리 라임과 수업 시간에 재미있게 활용해 볼 수 있는 수수께끼 그리고 Tongue Twister를 정리합니다.

CHAPTER 1

활용하기 좋은 동요

1 The Ants Go Marching

■ 요점

벌레 이름을 배우기에 좋은 노래입니다. Ant 대신 다른 벌레 이름을 넣어 부릅니다. 그리고 go + ~ing 표현을 배우기에도 좋은 노래입니다. Go marching 대신 go fishing이나 다른 표현을 넣어 불러봅니다.

■ 영어 가사

The ants go marching one by one, hurrah, hurrah!
The ants go marching one by one, hurrah, hurrah!
The ants go marching one by one.
The little one stops to suck his thumb and they all go marching down to the ground to get out of the rain. Boom! Boom! Boom!

■ 한글 가사

개미들이 줄지어 행진합니다. 만세, 만세!
개미들이 줄지어 행진합니다. 만세, 만세!
개미들이 줄지어 행진합니다.
작은 개미 한마리가 엄지손가락을 빨기 위해 멈췄습니다..
비를 피하려고 모두 땅 속으로 행진합니다. 붐붐붐!

■ 활용

행진하면서 불러보는 것도 재미있습니다. 그러나 노래가 다소 어려운 부분이 있어 아이들이 따라 부르기 어려워하면 선생님이 불러줍니다. 숫자를 점점 증가시켜가며 바꿔 부릅니다. 2절의 경우 one대신 two로 바꾸어 부릅니다.

2 The Alphabet Song

■ **요점**

알파벳 카드를 함께 사용하여 노래를 부르면 알파벳의 이름과 모양을 익히게 됩니다.

■ **영어 가사**

A - B - C - D - E - F - G,
H - I - J- K - L M N O P,
Q - R - S - T - U - V,
W - X - Y and Z,
Now I know my A B C's,
Next time won't you sing with me?

■ **한글 가사**

A - B - C - D - E - F - G,
H - I - J- K - L M N O P,
Q - R - S - T - U - V,
W - X - Y 그리고 Z.
이제 나는 ABC를 알고 있어.
다음번에는 나랑 같이 부르자.

■ **활용**

알파벳 카드를 준비하고 각 알파벳이 나오면 각 해당 카드를 들어 보입니다.

3 Are You Sleeping?

■ **요점**

sleep 대신 다른 동사를 사용하여 현재 진행형을 가르칠 때 효과적인 노래입니다.

■ **영어 가사**

Are you sleeping? Are you sleeping?
Brother John. Brother John.
Morning bells are ringing. Morning bells are ringing.
Ding ding dong! Ding ding dong!

■ **한글 가사**

존, 자고 있니? 자고 있니?
아침 종이 울리고 있어. 아침 종이 울리고 있어.
딩동댕. 딩동댕.

■ **동작**

가사	동작
Are you sleeping? Are you sleeping?	좌우로 한 번씩 양손을 포개어 볼에 대고 자는 동작을 합니다. 
Brother John. Brother John.	좌우로 한 번씩 양손을 입에 대고 존을 부르는 동작을 합니다. 

<table>
<tr><th>가사</th><th>동작</th></tr>
<tr><td>Morning bells are ringing.</td><td>오른손 바닥으로 아래에서 안쪽 방향으로 크게 원을 그리면서 손을 올립니다.
</td></tr>
<tr><td>Morning bells are ringing.</td><td>왼손 바닥으로 아래에서 안쪽 방향으로 크게 원을 그리면서 손을 올립니다.
</td></tr>
</table>

가사	동작
Ding ding dong! Ding ding dong!	시계추가 좌우로 움직이듯이 올린 양손을 좌우로 흔듭니다. 

4 Baa, Baa, Black Sheep

■ **요점**

동물 의성어와 직업 그리고 간단한 숫자를 배울 수 있는 노래입니다.
Baa baa는 양의 울음소리인 "매애~"입니다.

■ **영어 가사**

Baa, baa, black sheep, Have you any wool?
Yes, sir, yes, sir, Three bags full;
One for my master, And one for my dame,
and one for the little boy Who lives down the lane.

■ **한글 가사**

매에, 매에, 검은 양, 양털이 있니?
네, 주인님. 네, 주인님. 3자루 가득이에요.
한 자루는 주인님, 한 자루는 여주인님
그리고 한 자루는 저 아래에 사는 소년의 것이에요.

■ 활용

다른 동물 의성어를 활용해서 노래를 개사할 때는 wool 대신 과일 이름이나 다른 단어를 활용해서 불러보며, master, dame, boy 대신 다른 가족 명칭이나 직업을 넣어 불러봅니다.

예 Tweet, tweet little bird. Have you any plum? Yes, sir, yes, sir, Three bags full; One for my master, And one for my dame, and one for the little boy Who lives down the lane.

동물의 의성어 정리합니다.

동물이름	한글이름	의성어
Pig	돼지	Oink Oink
Dog	개	Woof Woof
Horse	말	Neigh! Neigh!
Lion	사자	Roar! Roar!
Cow	소	Moo! Moo!
Lamb	양	Baa! Baa!
Cat	고양이	Meow! Meow!
Mouse	쥐	Squeak! Squeak!
Duck	오리	Quack! Quack!
Owl	올빼미	Hoot! Hoot!

5 The Bear Went Over

■ 요점

큰 아이들은 Over, through, under, into 등의 장소에 관련된 전치사를 배울 수 있는 노래입니다. 나이가 어린 아이들은 강이나 다른 장소 이름을 배울 수 있는 노래입니다.

■ 영어 가사

The bear went over the mountain.
The bear went over the mountain.
The bear went over the mountain.
To see what he could see.
To see what he could see.
To see what he could see.

The other of the mountain.
The other of the mountain.
The other of the mountain.
Was all that he could see.
Was all that he could see.
Was all that he could see.

■ 한글 가사

곰이 산으로 올라갔어요.
곰이 산으로 올라갔어요.
곰이 산으로 올라갔어요.
무엇이 있나 보려고.
무엇이 있나 보려고.
무엇이 있나 보려고.

산의 다른 쪽이에요.
산의 다른 쪽이에요.
산의 다른 쪽이에요.
곰이 볼 수 있는 것은.
곰이 볼 수 있는 것은.
곰이 볼 수 있는 것은.

■ 동작

가사	동작
The bear went over the mountain.	한 손씩 올리면서 산 모양을 만드는 동작을 합니다. 
To see what he could see.	한손을 눈 위에 올리고 한 손을 허리 옆에 올리고 좌우로 두리번 거리는 동작을 합니다. 

6 Bingo

■ 요점

Bingo노래를 부를 때 2절부터는 앞에서부터 알파벳을 하나씩 생략하면서 노래를 부릅니다. 이때 생략된 문자 대신 박수를 칩니다. 동물, 사물 등의 단어를 익힐 때 효과적입니다.

■ 영어 가사

There was a farmer had a dog and Bingo was his name - o.
B—I—N—G—O, B—I—N—G—O, B—I—N—G—O
and Bingo was his name.

(X에는 손뼉을 치고 해당 문자를 생략합니다.)
2절 …(X)— I —N —G —O….
3절 …(X)—(X)—N —G —O—
4절 …(X)—(X)—(X)—G —O—
5절 …(X)—(X)—(X)—(X)—O—
6절 …(X)—(X)—(X)—(X)—(X)—
* 손뼉 대신 "월~", "월, 월", "월, 월, 월~", 개짓는 소리를 흉내 내는 것도 재미있습니다.

■ 한글 가사

농부에게 개 한마리가 있었어요. 그 개의 이름은 빙고입니다.
B—I—N—G—O, B—I—N—G—O, B—I—N—G—O
그 개의 이름은 빙고입니다.

■ 동작

가사	동작
*–I–N–G–O, *–*–N–G–O *–*–*–G–O *–*–*–*–O	알파벳이 생략된 * 부분에 박수를 칩니다.

다음과 같은 동작을 넣어 불러보면 더욱 재미있습니다.
B : 양손으로 양쪽 허벅지 치기
I : 손뼉치기
N : 양손 엇갈려 어깨위에 올리기
(오른손 왼쪽 어깨 위에, 왼손은 오른쪽 어깨 위에 손 올리기)
G : 양손 어깨 위에 올리기(오른손 오른쪽 어깨, 왼손 왼쪽 어깨)
O : 양손 위로 쭉 뻗기(만세)

7 Clap Your Hands

■ 요점

각 신체 부위와 관련된 동사를 함께 배울 수 있는 노래입니다. 이 노래의 'Reach for the sky'는 '하늘까지 닿게 손을 뻗치라'라는 의미입니다.

■ 영어 가사

Clap your hands, touch your toes,
Turn around and put your finger on your nose.
Flap your arms, jump up high.
Wiggle your fingers and reach for the sky.

■ 한글 가사

손뼉을 치세요. 발끝을 만지세요.
한 바퀴 돌고 손가락을 코에 대세요.
양팔을 파닥 파닥 거려요. 높이 뛰어요.
손가락을 꼼지락거리고 하늘로 높이 올려보세요.

■ 동작

가사	동작
Clap your hands	박수를 한번 칩니다. 
Touch your toes	손을 아래로 쭉 뻗어 발끝을 만집니다. 

가사	동작
Turn around and	발을 구르며 한 바퀴 돕니다. 
put your finger on your nose	오른손 검지손가락을 코에 댑니다. 

가사	동작
Flap your arms	양팔을 구부리고 파닥 거립니다. 
Jump up high	한번 높이 뜁니다. 

<table>
<tr><th>가사</th><th>동작</th></tr>
<tr><td>Wiggle your fingers and</td><td>손을 앞으로 내밀고 꼼지락 거립니다.
</td></tr>
<tr><td>reach for the sky</td><td>손가락을 편 채로 머리 위쪽으로 팔을 뻗칩니다.
</td></tr>
</table>

8 Clap Your Hands

■ 요점

clap(박수치다), roll(돌리다), shake(흔들다), rub(비비다), wiggle(꼼지락거리다) 등 손동작에 대한 표현을 익힙니다. 말하는 동작들을 느리게, 빠르게 강조하면서 해봅니다.

■ 영어 가사

Clap, clap, clap your hands
as slowly as you can.
Clap, clap, clap your hands
As quickly as you can.

(clap 대신 roll, shake, rub, wiggle 등으로 바꾸어 불러봅니다)

■ 한글 가사

손뼉 치세요, 손뼉 치세요, 손뼉 치세요
아주 느리게.
손뼉 치세요, 손뼉 치세요, 손뼉 치세요
아주 빠르게.

■ **동작**

가사	동작
Clap, clap, clap your hands as slowly as you can.	손뼉을 아주 느리게 칩니다. 
Clap, clap, clap your hands As quickly as you can.	손뼉을 아주 빠르게 칩니다. 

9 Clean Up

■ 요점

놀이 활동이 끝나고 정리 할 때 부르는 동요입니다.

■ 영어 가사

Clean up! Clean up!
Everybody. Everywhere.
Clean up! Clean up!
Everywhere your share.

■ 한글 가사

청소를 해요, 청소를 해요.
모두 다같이. 구석 구석을.
청소를 해요. 청소를 해요.
맡은 곳 구석 구석을.

■ **동작**

가사	동작
Clean up! Clean up!	대걸레질 하는 모습이나 비질하는 모습을 두 번 합니다. 
Everybody. Everywhere.	검지손가락으로 앞을 두 번 가리킵니다. 

가사	동작
Clean up! Clean up!	대걸레질 하는 모습이나 비질하는 모습을 두번 합니다. 
Everywhere your share.	검지손가락으로 앞을 두 번 가리킵니다. 

10 Deep And Wide

■ 요점

우리나라에서도 번안되어 불리어지고 있는 곡으로 돌림노래로 부르면 재미있습니다.

■ 영어 가사

Deep and wide. Deep and wide.
There's a fountain flowing deep and wide.
Deep and wide. Deep and wide.
There's a fountain flowing deep and wide.

■ 한글 가사

깊고도 넓고도 깊고 넓은 샘이 흐르네.
깊고도 넓고도 깊고 넓은 샘이 흐르네.

■ 동작

가사	동작
Deep	양손을 위아래로 벌립니다. 
and wide	양손을 좌우로 벌립니다. 

가사	동작
There's a fountain flowing	양손을 위 아래로 흔들면서 옆으로 이동시켜 물이 흐르는 모습을 만듭니다. 

11 Do you know the muffin man?

■ 요점

이 노래는 직업을 가르치기에 아주 좋은 노래입니다. Muffin man 대신 다른 직업을 넣어 부릅니다.

■ 영어 가사

Oh, do you know the Muffin Man, the Muffin Man, the Muffin Man?
Do you know the Muffin Man That lives in Drury Lane?
Oh, yes, I know the Muffin Man, The Muffin Man, The Muffin Man.
Yes, I know the Muffin Man That lives in Drury Lane.
Oh, now we know the Muffin Man, The Muffin Man, The Muffin Man.
Now, we know the Muffin Man That lives in Drury Lane.

■ 한글 가사

오, 머핀 만드는 사람을 아세요?
드러리 골목에 사는 머핀 만드는 사람을 아세요?

오, 네. 머핀을 파는 사람을 알아요.
그래요, 드러리 골목에 사는 머핀 만드는 사람을 알아요.

오, 이제 우리가 머핀만드는 사람을 아는 군요.
이제, 우리가 드러리 골목에 사는 머핀 만드는 사람을 알아요.

■ 활용

직업 카드를 준비하여 카드를 보여주며 노래를 부르며 직업에 대한 단어를 자연스럽게 익힙니다.

12 Down by the station

■ 요점

이 동요에서 puffer belly는 기차를 말합니다. Puffer는 증기 기관차가 연기를 내뿜으면서 내는 소리인 puff puff에서 변형된 단어입니다. 아이들이 기차 놀이를 하면서 부르면 좋은 동요입니다.

Chug, chug, toot, toot는 칙칙 폭폭에 해당하는 음성어입니다.

■ 영어 가사

Down by the station, early in the morning,
See the little puffer-bellies all in a row.
See the engine driver pull the little handle,
Chug, Chug, toot, toot! Off we go!

■ 한글 가사

이른 아침에 기차역을 따라 내려가요.
작은 기차가 칙칙폭폭 한 줄로 나란히 가고 있어요.
기관사가 작은 핸들을 잡아당기는 것을 보세요.
칙칙폭폭! 우리는 떠나요!

■ 활용

여러 아이들이 함께 하는 경우 두 아이는 양손을 마주 잡고 터널을 만들고 나머지 아이들은 노래를 부르면 기차를 만들어 그 터널을 통과하다가 노래가 끝나면 터널을 만들던 팔을 내려 두 사람을 가두어 술래를 만드는 터널 놀이를 할 수 있습니다.

■ 동작

가사	동작
Down by the station, early in the morning, See the little puffer-bellies all in a row.	양팔을 구부린 채 옆구리에 붙이고 원을 그려 기차 바퀴가 움직이는 모습을 표현합니다. 
See the engine driver pull the little handle, chug, chug, toot, toot!	핸들을 잡아당기는 동작을 합니다. 

가사	동작
Off we go!	양팔을 구부린 채 옆구리에 붙이고 원을 그려 기차 바퀴가 움직이는 모습을 표현합니다. 

13 The Farmer in the Dell

■ 요점

직업 이름을 배우기 좋습니다. Heigh-ho는 지루할 때 내는 감탄사이며 '아휴'에 해당합니다. 'O'는 of에 해당합니다. 여러 아이들이 함께 친구 이름으로 바꾸어 부르면서 서로의 허리를 잡아가며 기차놀이 하듯이 돌아다니며 부르면 재미있습니다.

■ 영어 가사

1. The farmer in the dell.
   The farmer in the dell.
   Heigh-ho, the derry o'
   The farmer in the dell.

2. The farmer takes a wife.
   The farmer takes a wife.
   Heigh-ho, the derry o'
   The farmer takes a wife.

3. The wife takes a child.
4. The child takes a nurse.
5. The nurse takes a dog.
6. The dog takes a cat.
7. The cat takes a rat.
8. The rat takes a cheese.
9. The cheese stands alone.

■ 한글 가사

1. 골짜기에 사는 농부 아저씨
   골짜기에 사는 농부 아저씨
   아휴 골짜기에 사는 농부 아저씨의 옛날 노래.

2. 농부 아저씨가 부인을 데려가요.
   농부 아저씨가 부인을 데려가요.
   아휴 아주 옛날 노래.
   농부 아저씨가 부인을 데려가요.

3. 부인이 아이를 데려가요.
4. 아이가 보모를 데려가요.
5. 보모가 강아지를 데려가요.
6. 강아지가 고양이를 데려가요.
7. 고양이가 쥐를 데려가요.
8. 쥐가 치즈를 가져가요.
9. 치즈만 남았어요.

■ **동작**

<table>
<tr><th>가사</th><th>동작</th></tr>
<tr><td>The farmer in the dell.</td><td>한손은 바구니를 든 것처럼 하고 다른 손으로는 씨는 뿌리는 동작을 합니다.
</td></tr>
<tr><td>Heigh-ho, the derry o'</td><td>허리를 펴고 손으로 땀을 닦는 동작을 합니다.
</td></tr>
</table>

가사	동작
The farmer takes a wife.	한 친구가 다른 친구의 허리를 잡고 신나게 걸어가면서 부릅니다. 
Heigh-ho, the derry o'	멈춰 서서 손으로 땀을 닦는 동작을 합니다. 

<table>
<tr><th>가사</th><th>동작</th></tr>
<tr><td>The farmer takes a wife.</td><td>다시 걸어갑니다.
</td></tr>
</table>

직업 이름을 쓴 카드를 두벌 준비하여 학생들이 각자 한 장씩 카드를 나눠 목에 걸어둡니다. 나머지 한 벌의 카드는 통에 넣어 둡니다. 선생님이 1절을 부르면서 통에서 카드 한 장을 꺼냅니다. 나온 카드를 걸고 있는 학생이 Farmer 카드를 걸고 있는 학생의 허리를 잡고 2절을 부릅니다. 같은 방법으로 나머지 카드도 활용합니다.

14 Itsy Bitsy Spider

■ 요점

좁은 장소에서도 손쉽게 손유희를 할 수 있는 노래입니다. Eencey Weencey Spider라고도 합니다. Itsy bitsy나 Eencey Weencey는 작다는 의미입니다. 곤충 이름이나 날씨에 관한 주제를 다룰 때 활용할 수 있는 노래입니다.

■ 영어 가사

Itsy, bitsy spider went up the water spout.
Down came the rain and washed the spider out;
Out came the sun and dried up all the rain;
And the Itsy, bitsy spider went up the spout again.

■ 한글 가사

거미가 줄을 타고 올라갑니다.
비가 오면 떨어집니다.
햇님이 다시 솟아오르면 거미가 줄을 타고 올라갑니다.

■ 동작

가사	동작
Itsy bitsy spider went up the water spout;	오른손 엄지를 왼손 검지에 대었다가 왼손 엄지를 오른손 검지에 대기를 반복하여 사다리를 타는 모양을 흉내냅니다.
Down came the rain	손가락을 움직이며 비가 내리듯이 손을 위에서 아래로 흔들며 내리면서 비오는 것을 표현합니다.
And washed the spider out	양손을 옆으로 활짝 펼칩니다.
Out came the sun	양손을 위로 올리면서 해가 뜨는 모습을 표현합니다.
And dried up all the rain	양손을 빨래 털듯이 터는 흉내를 냅니다.
And the Itsy bitsy spider went up the spout again	첫 번째와 똑같은 동작을 합니다.

15 Happy Birthday

■ 요점

가족 명칭을 익히기에 너무 좋은 노래입니다. 이미 아이들 귀에 익숙한 노래이기 때문에 friend 대신 가족 명칭이나 가족의 이름을 넣어 부릅니다.

■ 영어 가사

Happy Birthday to you, Happy Birthday to you;
Happy Birthday, dear my friend;
Happy Birthday to you.
Happy Birthday to you, Happy Birthday to you;
Happy Birthday, Happy Birthday;
Happy Birthday to you.

■ 한글 가사

생일축하합니다. 생일축하합니다. 사랑하는 나의 친구, 생일 축하합니다.

■ 활용

가족 명칭이나, 친구 이름을 넣어 부릅니다.

16 Head, Shoulders, Knees And Toes

■ 요점

head(머리), shoulder(어깨), knee(무릎), toe(발가락) 등 신체 부위에 관련된 표현을 배웁니다.

■ 영어 가사

Head and shoulders, knees and toes, Knees and toes.
Head and shoulders knees and toes, Knees and toes.
Eyes and ears and mouth and nose,
Head and shoulders, knees and toes, Knees and toes.

■ 한글 가사

머리 어깨, 무릎 발, 무릎 발.
머리 어깨, 무릎 발, 무릎 발.
눈 귀 입 코,
머리 어깨, 무릎 발, 무릎 발.

(직역을 하면 발가락이 맞지만 우리나라에서는 발로 이 노래를 부르기 때문에 발로 하였습니다.)

■ **동작**

가사	동작
Head	양손을 머리에 올립니다. 
shoulders	양손을 어깨에 올립니다. 

가사	동작
knees	양손을 무릎에 올립니다. 
toes	양손을 발가락을 짚습니다. 

17 Here we go looby loo

■ 요점

오른손, 왼손 그리고 신체 부분의 명칭을 배우기 좋은 노래입니다. 여럿이서 둥글게 둘러서서 함께 동작을 하며 부르면 재미있습니다.

■ 영어 가사

Here we go looby loo, Here we go looby light;
Here we go looby loo, All on a Saturday night.
You put your right arm in, You put your right arm out;
you shake it a little, a little, and turn yourself about.
You put your left arm in, You put your left arm out;
you shake it a little, a little, and turn yourself about.
(arm 대신 hand, leg, foot 등으로 바꾸어 부릅니다.)
You twirl your whole self in, You twirl your whole self out;. You shake it a little, a little, And turn yourself around.

■ 한글 가사

시작하자 루비 루. 가볍게 루비 루. 토요일 밤에 모두 같이.

오른팔을 안으로 넣고, 오른팔을 밖으로 빼고, 흔들면서 한 바퀴 돌아라.

왼팔을 안으로 넣고, 왼팔을 밖으로 빼고, 흔들면서 한 바퀴 돌아라.

온몸을 안으로 넣고 온몸을 밖으로 나오고, 흔들면서 한 바퀴 돌아라.

■ **동작**

가사	동작
Here we go looby loo,	몸을 아래로 구부린 상태에서 양손을 굴리다가 마지막에 고개를 들고 손바닥을 칩니다. 
Here we go looby light	몸을 아래로 구부린 상태에서 양손을 굴리다가 마지막에 고개를 들고 손바닥을 칩니다. 

가사	동작
All on a Saturday night.	손뼉을 음악에 맞추어서 4번을 칩니다. 
You put your right arm in	오른팔을 앞으로 내밉니다. 

가사	동작
You put your right arm out	오른팔을 뒤로 뺍니다. 
you shake it a little, a little,	오른팔을 흔듭니다. 

가사	동작
And turn yourself around.	한 바퀴를 돕니다. 

18 Hickory, Dickory, Dock

■ 요점

이 노래는 영미에서 예로부터 구전, 전승되어 온 동요(nursery rhyme) 중 하나 입니다. "히커리 디커리 닥"은 시계가 똑딱거리는 소리를 흉내낸 의성어입니다. 별로 많이 쓰이지는 않는 표현입니다. 아이들에게 시간을 가르쳐줄 때 함께 부르면 좋습니다.

■ 영어 가사

Hickory, dickory, dock; The mouse ran up the clock.
The clock struck one, the mouse ran down, Hickory, dickory, dock.
Hickory, dickory, dock; The mouse ran up the clock.
The clock struck two, the mouse ran down, Hickory, dickory, dock.
Hickory, dickory, dock; The mouse ran up the clock.
The clock struck three, the mouse ran down, Hickory, dickory, dock.

■ 한글 가사

히커리 디커리 닥. 생쥐가 시계 위로 올라갔어요.
시계가 한 시를 치자, 생쥐는 내려왔어요. 히커리 디커리 닥.
히커리 디커리 닥. 생쥐가 시계 위로 올라갔어요.
시계가 두 시를 치자, 생쥐는 내려왔어요. 히커리 디커리 닥.
히커리 디커리 닥. 생쥐가 시계 위로 올라갔어요.
시계가 세 시를 치자, 생쥐는 내려왔어요. 히커리 디커리 닥.

■ 동작

가사	동작
Hickory, dickory, dock	양 손을 모으고 시계추처럼 좌우로 흔듭니다. 
The mouse ran up the clock	오른쪽 어깨부터 머리까지 오른손 손가락을 움직여 쥐가 올라가는 모습을 표현합니다. 

<table>
<tr><th>가사</th><th>동작</th></tr>
<tr><td>The clock struck one</td><td>박수를 한번 칩니다.
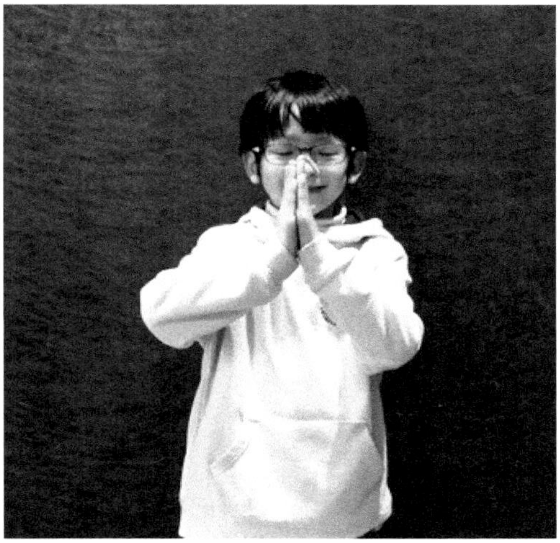</td></tr>
<tr><td>The mouse ran down</td><td>왼손 손가락을 머리끝에서 왼쪽 어깨까지 움직여 내려갑니다.
</td></tr>
</table>

가사	동작
Hickory, dickory, dock.	양 손을 모으고 시계추처럼 좌우로 흔듭니다. 

19 Hockey Pokey

■ 요점

left(왼쪽), right(오른쪽), in(안), out(밖)과 같은 방향 지시어를 배웁니다. hand(손) 대신에 foot(발), head(머리), 등 다른 신체 부분 단어로 응용해서 불러봅니다.

■ 영어 가사

You put your right hand in,
you put your right hand out,
you put your right hand in,
and you shake it all about.

You do the hokey pokey
and you turn yourself around
and that's what it's all about.
Hey!

■ 한글 가사

다같이 오른손을 안에 넣고,
오른손을 밖에 빼고,
오른손을 안에 넣고,
흔들어요.

다함께 호키포기
그리고 빙빙돌아요.
다함께 즐겨요.
헤이!

■ 동작

가사	동작
You put your right hand in	오른손을 안으로 넣습니다. 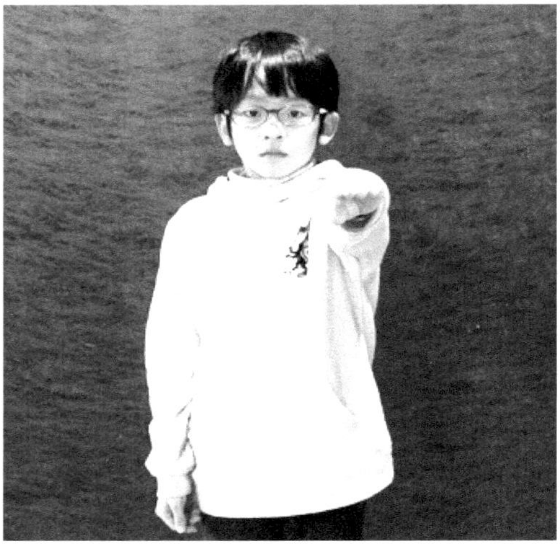
You put your right hand out,	오른손을 밖으로 뺍니다. 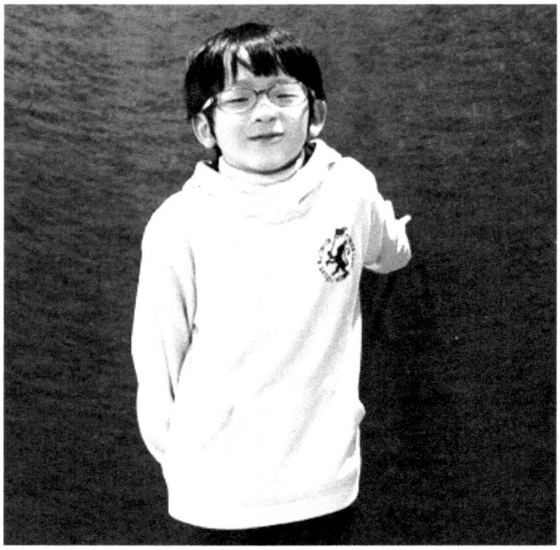

가사	동작
you shake it all about.	손을 흔듭니다. 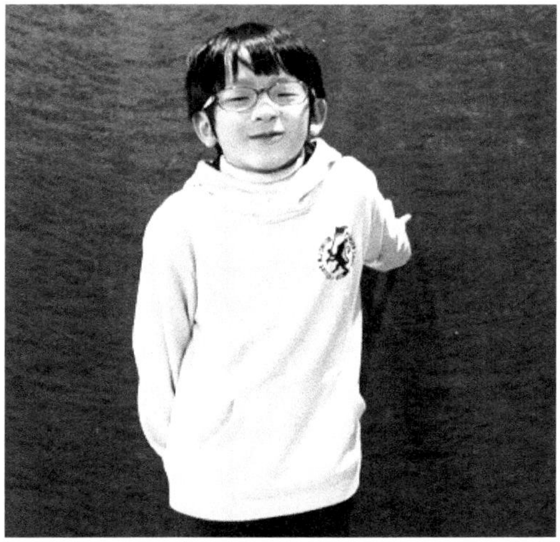
You do the hokey pokey And you turn yourself around	한 바퀴 빙글 돕니다. 

가사	동작
that's what it's all about.	박수를 치며 뜁니다. 

20 If you're happy and you know it

■ 요점

happy, sad, angry 등 감정표현을 나타내는 형용사와 clap your hands, stamp your feet, wipe your eyes와 같이 동작 동사와 관련된 신체 부위를 나타내는 단어를 배웁니다.

■ 영어 가사

1. If you're happy and you know it, clap your hands. (clap, clap)
   If you're happy and you know it, clap your hands. (clap, clap)
   If you're happy and you know it, then your face will surely show it.
   If you're happy and you know it, clap your hands. (clap, clap)

2. If you're angry and you know it, stamp your feet. (stamp, stamp)
   If you're angry and you know it, stamp your feet. (stamp, stamp)
   If you're angry and you know it, then your face will surely show it.
   If you're angry and you know it stamp your feet. (stamp, stamp)

3. If you're sad and you know it, wipe your eyes. (sniff, sniff)
   If you're sad and you know it, wipe your eyes. (sniff, sniff)
   If you're sad and you know it, then your face will surely show it.
   If you're sad and you know it, wipe your eyes. (sniff, sniff)

■ 한글 가사

행복하면 박수를 쳐요.
행복하면 박수를 쳐요.
행복하면 얼굴에 나타나요.
행복하면 박수를 쳐요.

화가나면 발을 굴려요.
화가나면 발을 굴려요.
화가나면 얼굴에 나타나요.
화가나면 발을 굴려요.

슬프면 눈물을 닦아요.
슬프면 눈물을 닦아요.
슬프면 얼굴에 나타나요.
슬프면 눈물을 닦아요.

■ 동작

가사	동작
If you're happy and you know it clap your hands,	박수를 두 번 칩니다. 

가사	동작
If you're angry and you know it stamp your feet,	발을 구릅니다. 
If you're sad and you know it wipe your eyes,	두 손으로 훌쩍거리면서 우는 동작을 합니다. 

21 I'm a little teapot

■ 요점

teapot, handle, stout, spout, shout, tip, pour 등을 배웁니다.

■ 영어 가사

I'm a little teapot short and stout.
Here is my handle, here is my spout.
When I get all steamed up, hear me shout,
Just tip me over and pour me out.

■ 한글 가사

나는 땅딸막한 찻주전자에요.
여기가 손잡이이고, 여기는 주둥이에요.
내가 수증기가 차올라 소리를 내면,
살짝 들어서 따라주세요.

■ **동작**

가사	동작
I'm a little teapot Short and stout	두 팔을 똑바로 붙이고 섭니다. 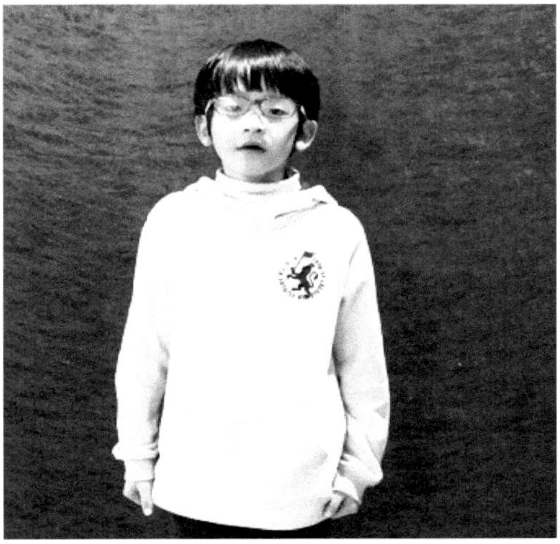
Here is my handle	한 손을 구부려 허리에 댑니다. 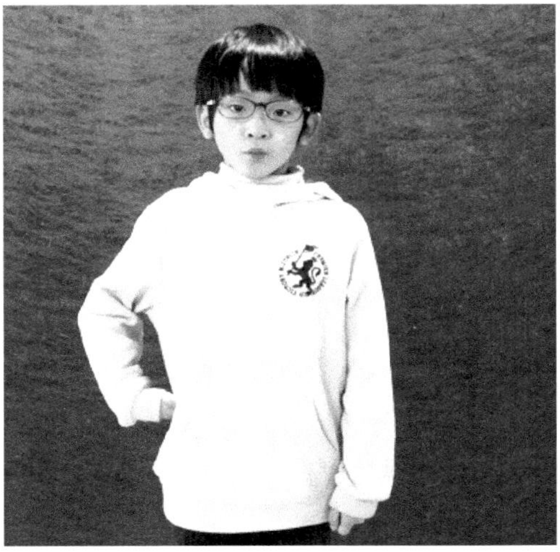

가사	동작
Here is my spout	나머지 한 손을 밖으로 굽히며 내밀어 주둥이 모양을 만듭니다. 
Just tip me over and pour me out	핸들로 만든 손 쪽의 다리를 살짝 들어주고, 주둥이 모양으로 만든 손 쪽으로 몸을 기울여 따르는 모양을 만듭니다. 

22 It's raining. It's pouring

■ 요점

rain, pour, snore, bump 등을 배웁니다.

■ 영어 가사

It's raining, it's pouring. The old man is snoring.
He went to bed and bumped his head. And couldn't get up in the morning.

■ 한글 가사

비가 내려요. 소나기가 쏟아져요. 할아버지는 코를 골고 있어요.
잠자리에 들었다가 머리를 찧는 바람에 아침에 일어날 수 없었대요.

■ 동작

가사	동작
It's raining, it's pouring.	두 손을 위아래로 휘저으면서 비가 내리는 모습을 표현합니다. 
The old man is snoring	양손을 모아 잠자는 것처럼 귀에 대고 코고는 흉내를 냅니다. 

가사	동작
He went to bed and bumped his head.	한 손으로 주먹을 쥐고 머리를 가볍게 칩니다. 
And couldn't get up in the morning.	양손을 기지개 펴면서 하품하며 고개는 양옆으로 흔듭니다. 

23 Jack, Be Nimble

■ 요점

수건 돌리기 게임을 할 때 부르기 좋은 노래입니다.

■ 영어 가사

Jack, be nimble.
Jack, be quick.
Jack, jump over the candlestick.
Jack, be nimble.
Jack, be quick.
Jack, jump over the candlestick.

■ 한글 가사

잭, 민첩하게.
잭, 재빨리.
잭, 촛대를 넘어라.

■ 활용

이 노래를 부르면서 수건을 옆 사람에게 전달하다가 candlestick 나올 때 수건을 받은 사람은 아무한테나 수건을 던집니다. 이때 누구에게 던질 것인지를 눈을 마주쳐서 정하고 던집니다. 수건을 받으면 다시 수건돌리기 게임을 하고 수건을 받지 못한 경우는 못 받은 사람이 벌칙을 받습니다.

■ 동작

가사	동작
Jack, be nimble. Jack, be quick.	오른손 검지와 장지 손가락으로 빠르게 걸어가는 동작을 합니다.
Jack, jump over the candlestick.	왼손을 올려놓고 오른손 검지와 장지 손가락이 왼손을 넘어가게 합니다.

24 Jelly in the Bowl

■ 요점

여러 종류의 단어를 가르칠 때 사용할 수 있습니다. 커다란 그릇을 준비하고 Jelly대신 준비한 단어 카드나 사물을 보여주며 그릇에 넣어가며 노래를 부르며 단어를 말해볼 수 있습니다. Wibble wobble은 의태어로 꿈틀꿈틀에 해당합니다.

■ 영어 가사

Jelly in the bowl.
Jelly in the bowl.
Wible, wobble, wibble, wobble,
Jelly in the bowl.

■ 한글 가사

그릇 속의 젤리.
그릇 속의 젤리.
꿈틀, 꿈틀, 꿈틀, 꿈틀,
그릇 속의 젤리.

■ 동작

가사	동작
Jelly in the bowl.	젤리를 보여주고 그릇 안에 넣는 동작을 합니다. 
Jelly in the bowl.	젤리를 보여주고 그릇 안에 넣는 동작을 합니다. 

<table>
<tr><th>가사</th><th>동작</th></tr>
<tr><td>Wibble, wobble,
wibble, wobble,</td><td>손을 가슴 위치로 올리고 꼼지락 거리면서 젤리가 꿈틀대는 모습을 만듭니다.
</td></tr>
<tr><td>Jelly in the bowl.</td><td>젤리를 보여주고 그릇 안에 넣는 동작을 합니다.
</td></tr>
</table>

25 Johnny the hammer

■ 요점

숫자를 배울 수 있습니다.

■ 영어 가사

Johnny works with one hammer,
One hammer, one hammer.
Johnny works with one hammer,
All day long.

Johnny works with two hammers,
Two hammers, two hammers.
Johnny works with two hammers,
All day long.

(숫자를 하나씩 늘리면서 반복합니다.)

■ 한글 가사

쟈니가 망치 하나로 일을 해요.
망치 한 개, 망치 한 개.
쟈니가 망치 한 개로 하루 종일 일을 해요.

쟈니가 망치 두 개로 일을 해요.
망치 두 개, 망치 두 개.
쟈니가 망치 두 개로 하루 종일 일을 해요.

■ 동작

<table>
<tr><th>가사</th><th>동작</th></tr>
<tr><td>Johnny works with one hammer,
One hammer, one hammer.
Johnny works with one hammer,
All day long.</td><td>한 손으로 망치질 하는 동작을 합니다.
</td></tr>
<tr><td>Johnny works with two hammer,
Two hammer, two hammer.
Johnny works with two hammer,
All day long.</td><td>두 손으로 망치질 하는 동작을 합니다.
</td></tr>
</table>

26 London Bridge

■ 요점

우리나라의 "동대문을 열어라"에 해당하는 전래동요(rhyme)입니다. 두 사람이 양손을 잡고 높이 올려 아치형 다리를 만들어 줍니다. 나머지 사람들은 앞 사람 허리를 잡고 다리 밑을 지나가면서 이 동요를 신나게 부릅니다. 동요의 마지막 소절을 부르며 양손을 내리고 이때 다리 밑을 지나가는 사람이 잡혀 술래가 됩니다.

■ 영어 가사

London bridge is falling down, falling down, falling down,
London bridge is falling down, My fair lady.

■ 한글 가사

런던 다리가 무너진다,
무너진다, 무너진다,
런던 다리가 무너진다,
나의 예쁜 아가씨.

■ 동작

가사	동작
London bridge is falling down, falling down, falling down, London bridge is falling down,	두 사람이 아치형 다리를 만들고 나머지 사람들은 그 밑을 지나갑니다.
My fair lady.	노래가 끝나면 아치형 다리를 만들었던 손을 내리면서 지나가는 사람을 잡습니다.

27 The mulberry bush

■ **요점**

wash(씻다), comb(빗질하다), brush(이를 닦다), put on(입다) 등과같이 하루 일과에 대한 표현을 배웁니다.

■ **영어 가사**

Here we go round the mulberry bush, the mulberry bush,
the mulberry bush, Here we go round the mulberry bush,
So early in the morning.(후렴구)

* 각 절이 끝난 후 후렴구 부르기 / 후렴구를 부를 땐 다 같이 손을 잡고 원을 빙글빙글 돌다가 마지막 구절에 멈춰서 각 절의 동작을 다 같이 행동한다.
* 4절 이후 다양한 구문을 아이와 만들어 동작과 함께 불러본다.
(아이의 창의성 및 동작을 표현해 보게 함으로써 표현력도 향상됩니다)

1. This is the way I wash my face, wash my face, wash my face.
   This is the way I wash my face, So early in the morning.

2. This is the way I comb my hair, comb my hair, comb my hair.
   This is the way I comb my hair, So early in the morning.

3. This is the way I brush my teeth, brush my teeth, brush my teeth.
   This is the way I brush my teeth, So early in the morning.

4. This is the way I put on my clothes, put on my clothes, put on my cloths.
   This is the way I put on my clothes, So early in the morning.

■ 한글 가사

우리는 멀베리 덤불 주위를 빙글빙글 돌아요. 멀베리 덤불, 멀베리 덤불.
아주 이른 아침에.

나는 이렇게 얼굴을 씻어요, 얼굴을 씻어요, 얼굴을 씻어요.
나는 이렇게 얼굴을 씻어요, 아주 이른 아침에.

나는 이렇게 머리를 빗어요, 머리를 빗어요, 머리를 빗어요.
나는 이렇게 머리를 빗어요, 아주 이른 아침에.

나는 이렇게 이를 닦아요, 이를 닦아요, 이를 닦아요.
나는 이렇게 이를 닦아요, 아주 이른 아침에.

나는 이렇게 옷을 입어요, 옷을 입어요, 옷을 입어요.
나는 이렇게 옷을 입어요, 아주 이른 아침에.

■ 동작

가사	동작
Here we go round the Mulberry bush,	양손을 서로 잡고 강강수월래를 하듯이 빙글빙글 돕니다. 

가사	동작
This is the way I wash my face,	얼굴을 씻는 동작을 합니다. 
This is the way I comb my hair,	머리를 빗는 동작을 합니다. 

<table>
<tr><th>가사</th><th>동작</th></tr>
<tr><td>This is the way I brush my teeth,</td><td>이를 닦는 동작을 합니다.
</td></tr>
<tr><td>This is the way I put on my clothes,</td><td>옷을 입는 동작을 합니다.
</td></tr>
</table>

28 Old McDonald Had a Farm

■ 요점

동물 의성어와 동물 명칭을 배우는 데 적합한 노래입니다. 특히, 멜로디가 신나기 때문에 아이들이 아주 좋아하는 노래입니다. 동작과 함께 부르면 동물의 특징도 함께 배울 수 있는 노래입니다.

■ 영어 가사

Old McDonald had a farm. E–I–E–I–O!
And on this farm he had some chicks. E–I–E–I–O!
With a chick chick here, and a chick chick there.
Here a chick, there chick, everywhere a chick chick!
Old McDonald had a farm. E–I–E–I–O!

2절은 cows와 moo 그리고 3절은 pigs와 oink로 부릅니다.
이외에도 다른 동물들의 의성어를 활용해 봅니다.

■ 한글 가사

맥도날드 아저씨는 농장이 있어요. 이야이야요!
그리고 그 농장에는 병아리가 몇 마리 있었어요. 이야이야요!
여기서 삐약 삐약, 저기서 삐약 삐약,
여기서 삐약, 저기서 삐약, 사방에서 삐약거려요.
맥도날드 아저씨는 농장이 있어요.

■ 동작

가사	동작
Old McDonald had a farm.	한 손씩 올려가며 집 모양을 만듭니다. 
E—I—E—I—O!	겨드랑이를 파닥거립니다. 

<table>
<tr><th>가사</th><th>동작</th></tr>
<tr><td>And on this farm he</td><td>한손씩 올려가며 집 모양을 만듭니다.
</td></tr>
<tr><td>had some chicks</td><td>양손을 입에 대고 병아리 부리 모양으로 만들고 삐약삐약 소리를 내듯이 손을 위아래로 꼼지락 거립니다.
</td></tr>
</table>

가사	동작
E-I-E-I-O!	겨드랑이를 파닥거립니다. 
With a chick chick here,	병아리 입모양으로 양손을 위에 댄 채로 왼쪽을 향합니다. 

가사	동작
and a chick chick there	계속 입에 양손을 댄 채로 오른쪽으로 향합니다. 
Here a chick,	병아리 입모양으로 양손을 위에 댄 채로 왼쪽으로 향합니다. 

가사	동작
there chick	병아리 입모양으로 양손을 위에 댄 채로 오른쪽으로 향합니다. 
everywhere a chick chick!	병아리 입모양으로 양손을 위에 댄 채로 왼쪽에서 오른쪽으로 몸을 반 바퀴 돌립니다.

돼지의 경우는 손가락으로 치켜세워 돼지코 모양으로 만들며 동작을 진행하고, 소의 경우는 얼굴을 아래에서 위로 들어 올리면서 소 흉내를 내며 동작을 합니다.

29 One Little Finger

■ 요점

신체 부위와 사물을 배우기에 좋은 노래입니다. ceiling이나 floor 대신에 다른 사물 명칭으로 대체하고 head 대신에 다른 신체 부분으로 바꿔 다양하게 부를 수 있습니다. 또한 Tap대신에 clap, shake, wiggle 등 손으로 할 수 있는 동작으로 바꿔 부를 수도 있습니다.

■ 영어 가사

One little finger, One little finger,
One little finger, Tap, Tap, Tap.
Point to the ceiling. Point to the floor.
Put it on your head.

■ 한글 가사

작은 손가락 하나, 작은 손가락 하나,
작은 손가락 하나, 톡 톡 톡 두드리고.
천장을 가리키고. 마루 바닥을 가리키고.
머리에 올려라.

■ 동작

가사	동작
One little finger, One little finger, One little finger,	검지손가락을 앞으로 내밀었다 뒤로 빼었다 다시 내밉니다. 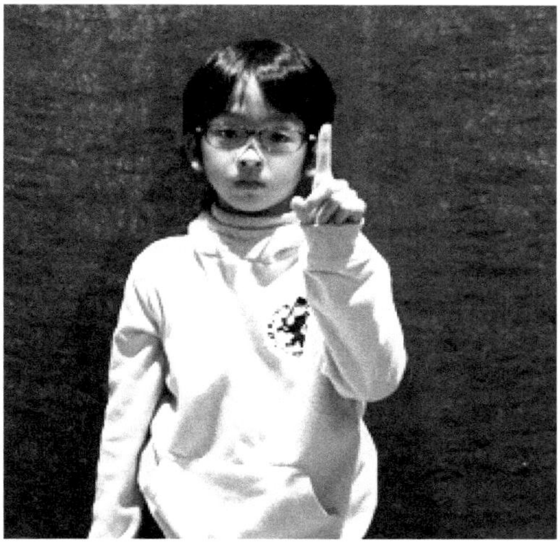
Tap, Tap, Tap.	검지손가락으로 상대방 이마나 코 등을 톡톡톡 세 번 가볍게 칩니다. 

<table>
<tr><th>가사</th><th>동작</th></tr>
<tr><td>Point to the ceiling.</td><td>검지손가락으로 천정을 가리킵니다.
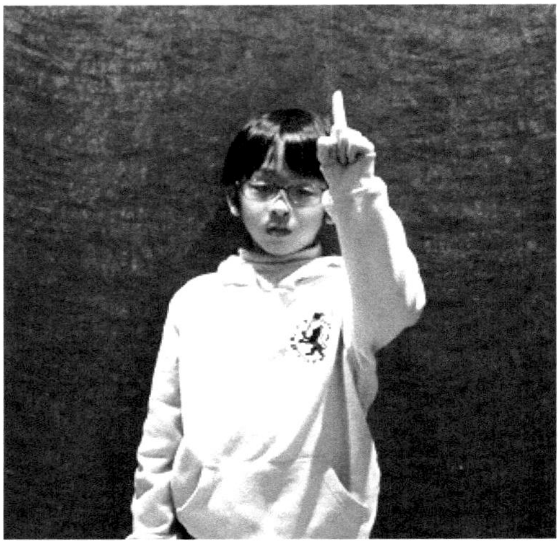</td></tr>
<tr><td>Point to the floor.</td><td>검지손가락으로 마루 바닥을 가리킵니다.
</td></tr>
</table>

가사	동작
Put it on your head.	검지손가락을 자기 머리 위에 댑니다. 

30 One, Two, Buckle My Shoe.

■ **요점**

숫자와 동작을 지시하는 단어를 배울 때 효과적인 노래입니다.
two-shoe, four-door, six-sticks, eight-straight 라임도 익힐 수 있습니다.

■ **영어 가사**

One, two, buckle my shoe!
Three, four, shut the door!
Five, six, pick up sticks!
Seven, eight, lay them straight!
Eight, Seven, six, five, four, three,
two, one. ALL DONE.

■ **한글 가사**

하나, 둘, 신을 신고!
셋, 넷, 문을 닫고!
다섯, 여섯, 막대기를 줍고!
일곱, 여덟, 막대기를 똑바로 놓아라!
여덟, 일곱, 여섯, 다섯, 넷, 셋, 둘, 하나, 다 했다.

■ 동작

가사	동작
One, two,	손가락을 하나씩 펴면서 숫자를 만듭니다. 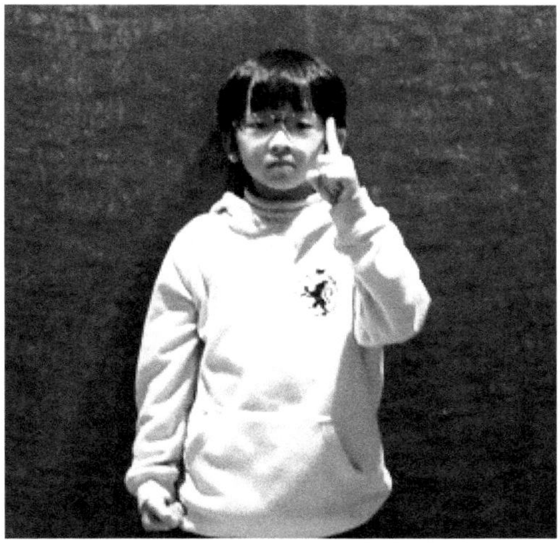
buckle my shoe	신발 끈을 묶는 척 합니다. 

가사	동작
Three, four	손가락으로 3과 4를 차례로 만듭니다. 
shut the door	양손바닥을 밭에서 안쪽으로 마주쳐서 문이 닫히는 모습을 만듭니다. 

가사	동작
Five, six	손가락으로 5와 6을 차례로 만듭니다. 
pick up sticks	몸을 굽혀 뭔가를 줍는 동작을 합니다. 

가사	동작
Seven, eight	손가락으로 7, 8을 차례로 만듭니다. 
lay them straight	손바닥을 붙였다가 펴면서 양쪽으로 벌립니다. 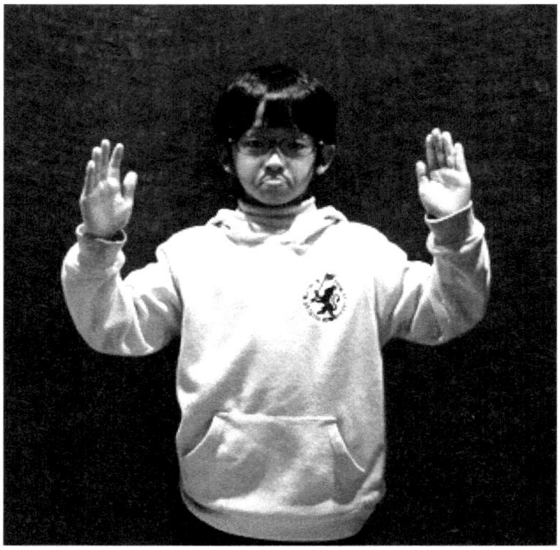

가사	동작
Eight, Seven, six, five, four, three, two, one	손가락으로 8부터 1까지 차례로 노래에 맞춰 만듭니다. 
ALL DONE	양팔을 활짝 위로 펼칩니다. 

31 Pat-a-Cake, Pat-a-Cake

■ 요점

pat(두드리다), bake(굽다), prick(찌르다), mark(표시하다) 등 케이크를 만들 때 하게 되는 동작 표현을 배웁니다.

■ 영어 가사

Pat-a-cake, pat-a-cake, baker's man,
Bake me a cake as fast as you can.
Pat it, and prick it, and mark it with 'B'.
And put it in the oven for Baby and me.

■ 한글 가사

케이크 반죽을 두드려요, 케이크 반죽을 두드려요, 빵 굽는 아저씨,
어서 빨리 케이크를 구워주세요.
반죽을 두드리고, 찔러서, 'B'자를 새겨주세요.
아기와 저를 위해 반죽을 오븐에 넣어주세요.

■ 활용

- 노래를 불러 본 후 그림을 통해 어떤 내용인지 알아봅니다.
- -ake로 끝나는 단어를 강조해서 부른 뒤 아이가 알고 있는, -ake로 끝나는 다른 단어를 함께 찾아봅니다. (make, lake, snake, take, wake, 혹은 -ake 단어 앞에 알파벳을 하나씩 붙여가며 말해보도록 하여 "-ake" a의 음가를 익혀봅니다. (bake, cake, dake, fake, gake, hake, jake,……)
- B가 새겨진 케이크를 아이와 함께 만들어 보세요. 혹은 아이의 영문 이름의 첫 글자가 새겨진 케이크를 만들어 보는 것도 재미있습니다.

■ 동작

가사	동작
Pat-a-cake, pat-a-cake, baker's man, Bake me a cake as fast as you can.	손바닥을 두드리면서 반죽하는 동작을 합니다. 
Pat it	양 손바닥을 두드립니다. 

가사	동작
prick it	오른손 검지로 왼손바닥을 찌릅니다. 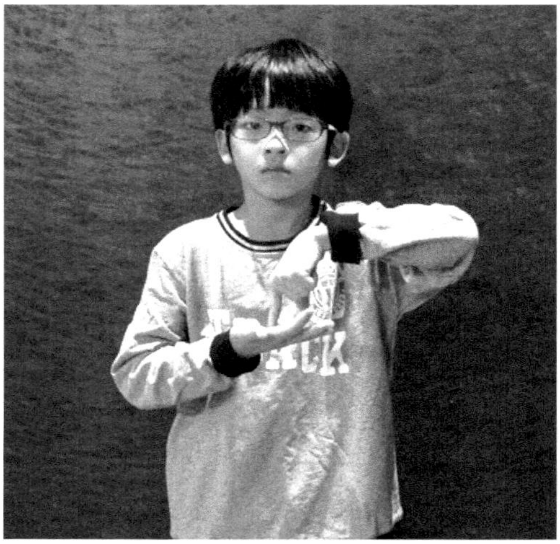
mark it with 'B',	왼손바닥 위에 검지로 'B'를 씁니다. 

가사	동작
put it in the oven for Baby and me.	오븐에 넣는 동작을 합니다. 

32 Pease Porridge hot

■ 요점

우리나라 '쎄쎄쎄~' 손뼉치기 놀이와 비슷한 손뼉치기 라임(clapping rhyme)의 일종 입니다. Hot, cold 등을 배웁니다. Pease는 pea의 복수형 peas의 옛말입니다.

■ 영어 가사

Pease porridge hot,
Pease porridge cold,
Pease porridge in the pot,
Nine days old.
Some like it hot,
Some like it cold,
Some like it in the pot,
Nine days old.

■ 한글 가사

뜨거운 완두죽, 차가운 완두죽,
단지 속에 9일 동안 있던 죽,
어떤 사람은 뜨거운 것을 좋아하고
어떤 사람은 차가운 것을 좋아하고,
어떤 사람은 단지 속에 9일 동안 있던 죽을 좋아해.

■ 활용

- 첫소리 /p/ 소리에 친숙해지는 라임
  첫소리가 p로 시작하는 단어 찾아보기
- hot – pot / cold–old 의 운율이 나오면 손뼉을 쳐서 불러봅니다.
- pease porridge 맛은 어떨지 아이와 얘기해보기
  알고 있는 죽 이름 말해보고, 좋아하는 죽 이름도 말해봅니다.(팥죽, 호박죽,….)

■ 동작

Pease porridge hot, pease porridge cold,
1 2 3 1 2 3
Pease porridge in the pot, nine days old
1 2 4 2 5 2 3
Some like it hot, some like it cold.
1 2 3 1 2 3
Some like it in the pot, nine days old.
1 2 4 2 5 2 3

가사	동작
1. 무릎치기	
2. 손뼉치기	

<table>
<tr><th>가사</th><th>동작</th></tr>
<tr><td>3. 손뼉 마주치기</td><td>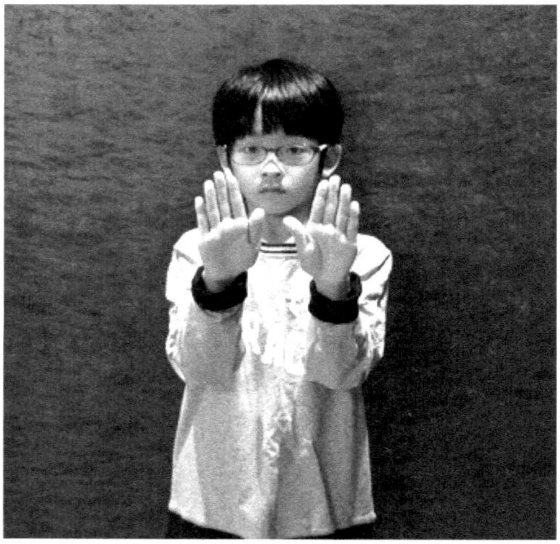</td></tr>
<tr><td>4. 오른손끼리 손뼉치기</td><td>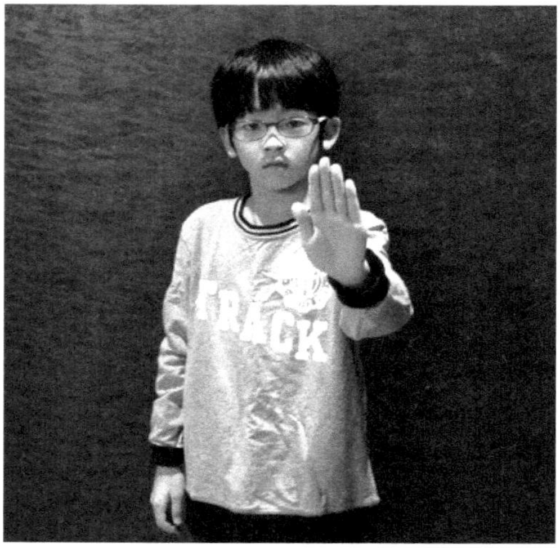</td></tr>
</table>

가사	동작
5. 왼손끼리 손뼉치기	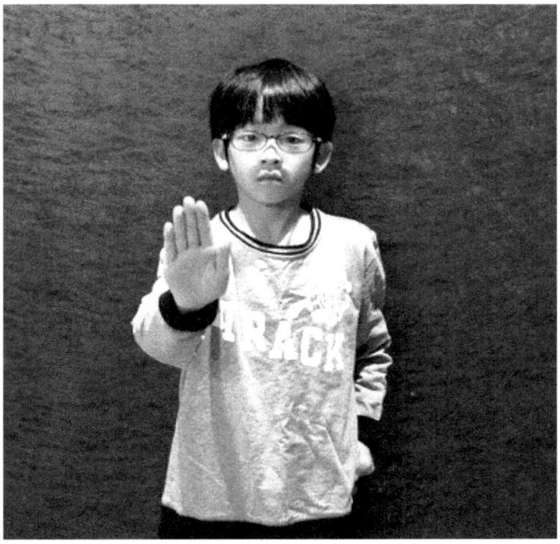

노래의 마지막 부분이 끝나면 엄마와 아이는 왼손을 잡고 "구리구리 멍텅구리~" 하듯이 가위보를 한다. 이긴 사람이 진 사람의 목뒤를 손가락으로 찌르고 어느 손가락으로 찔렀는지 알아맞히기 활동을 통해 즐겁게 노래를 부를 수 있다.

33 A Ram Sam Sam

■ **요점**

가사에 특별한 의미가 없지만 각운이 맞는 말들을 재미있는 손동작을 하면서 연습해 볼 수 있는 손유희 놀이입니다.

■ **영어 가사**

A Ram Sam Sam
A Ram Sam Sam

Goodely Goodely Goodely Goodely Goodley
Ram Sam Sam

A Raffi A Raffi
Goodely Goodely Goodely Goodely Goodley
Ram Sam Sam

■ **한글 가사**

램 샘 샘
램 샘 샘
구들리 구들리 구들리 구들리 구들리
램 샘 샘

라피 라피
구들리 구들리 구들리 구들리 구들리
램 샘 샘

■ 동작

가사	동작
A Ram Sam Sam	두 주먹을 위아래로 놓고 번갈아가며 절구질하듯이 칩니다. 
Goodely Goodely Goodely Goodely Goodley	두 주먹을 실패를 감듯이 빙빙 돌립니다. 

<table>
<tr><th>가사</th><th>동작</th></tr>
<tr><td>A Raffi A Raffi</td><td>왼팔과 오른팔을 각각 한 번씩 쭉 뻗어 크게 원을 그립니다.
</td></tr>
</table>

34 Rain Rain Go Away

■ 요점

날씨에 관련된 sun, cloud, wind 등을 함께 바꿔 부르면서 날씨에 관한 단어를 알려줍니다.

■ 영어 가사

Rain, rain, go away. Come again another day.
Little Betty wants to play.
Rain, rain go away.

■ 한글 가사

비야 비야 가거라. 다른 날에 다시 내리렴.
귀여운 베티는 놀고 싶단다. 비야 비야 가거라.

■ **동작**

가사	동작
Rain, rain	양손 손가락을 움직이면서 위에서 아래로 양손을 내려 비가 내리는 모습을 두 번 반복합니다. 
go away	양손을 손바닥을 밖으로 보이게 하여 각각 한번씩 바깥쪽으로 내밀어 나가라는 모습을 만듭니다. 

가사	동작
Come again another day	양손을 손바닥을 안쪽으로 하고 한 번씩 안쪽으로 끌어당겨서 들어오라는 모습을 만듭니다. 
Little Betty	양손을 허리에 두고 무릎을 두 번 굽혔다 폈다 합니다. 

가사	동작
wants to play	양팔을 앞뒤로 흔들면서 신나게 제자리 걷기를 합니다. 
Rain, rain go away.	앞서 한 동작을 반복합니다.

35 Rickety, Tickety, Look at Me

■ 요점

nose(코), mouth(입), eyes(눈), cheeks(뺨), ears(귀) 등 얼굴 각 부위에 대한 단어를 배울 수 있습니다. leg(다리), arm(팔), hand(손)등 신체의 각부분을 알려주는 단어로 응용해 봅니다. Mommy 대신 아이의 이름을 이용하여 아이와 라임을 부르며 각 부위를 손으로 가리키는 것도 재미있지만 미리 얼굴에 포스트잇을 붙여 놓고 떼어가며 라임을 부르면 아이들이 더 좋아합니다.

■ 영어 가사

Rickety, tickety,
look at me.
Where is Mommy's
pretty nose?

Here!

Rickety, tickety, look at me.
Where is Mommy's pretty cheeks?

Here!

■ 한글 가사

리커리 티커리 날봐요.
엄마 예쁜 코가 어디 있지요?

여기!

리커리 티커리 날봐요.
엄마 예쁜 양쪽 뺨이 어디 있지요?

여기!

■ 동작

가사	동작
Rickety, tickety, look at me. Where is Mommy's pretty nose?	양팔을 재미있게 리듬에 맞춰 파닥거립니다. 
Here!	코를 가리킵니다. (해당 신체 부위를 가리킵니다) 

36 Ring Around the Rosies

■ 요점

ring(둘러싸다), fall down(넘어지다), tiptoe(뒤꿈치를 들고 살금살금 걷다), skip(깡충깡충 뛰다) 등 동작 동사들을 배웁니다. Ring 대신 tiptoe나 skip 등의 동작을 나타내는 단어로 응용해 봅니다.

■ 영어 가사

Ring around the rosies.
A pocket full of posies
Ashes, ashes, we all fall down !

■ 한글 가사

장미 주위를 돌아요.
꽃이 가득한 주위를.
애쉬스! 애쉬스!
우리 모두 쓰러지네.

■ 동작

가사	동작
Ring around the rosies. A pocket full of posies	여러 명이 손을 잡고 강강수월래를 하듯이 빙빙 돕니다.
We all fall down !	모두 주저앉습니다.

• rosies, posies 의 운율이 같은 단어가 나오면 손뼉을 치세요.
• 노래를 부르다 운율이 같은 단어가 (Rosie , posies) 나오면 더 크게 부르세요.

37 Row, row, row your boat

■ 요점

배를 젓는 동작을 해 보면서 row(배를 젓다)를 배웁니다. 배 젓는 속도를 바꿔가면서 점점 빠르게 노래를 부르며 배를 빠르게 젓는 동작을 하면 아이들이 재미있어 합니다. 그리고 이 노래는 여러 그룹으로 나눠서 돌림노래로 부르기도 합니다.

■ 영어 가사

Row, Row, Row your boat,
Gently down the stream.
Merrily, merrily, merrily, merrily,
Life is but a dream.

■ 한글 가사

저어요, 저어요, 배를 저어,
천천히 강을 따라 내려가요.
즐겁게, 즐겁게, 즐겁게, 즐겁게,
꿈같은 인생이에요.

■ **동작**

가사	동작
Row, Row, Row your boat Gently down the stream	두 사람이 서로 마주보고 앉아 양발을 붙이고 양손을 잡고 노래를 부르며 노를 젓듯이 앞뒤로 천천히 움직입니다.
Merrily, merrily, merrily, merrily	노를 젓듯이 앞뒤로 빨리 움직입니다.
Life is but a dream	두 사람이 오른손은 아래로 잡고 왼손은 머리 위로 올려 하트를 만듭니다.

• Row 대신 다른 동사를 바꿔가며 부르고 다양한 동작을 만들어본다.

38 Rub a Dub Dub

■ 요점

직업 이름을 배우기 좋은 노래입니다. 그리고 누구인지 묻는 who 표현을 배울 때 활용할 수 있습니다. Rub은 물살을 헤치고 나가다라는 뜻이고 dub은 강이나 바다 물을 말합니다.

■ 영어 가사

Rub a dub, dub. Three men in a tub and
Who do you think they be?
The butcher, the baker, the candle maker, and
all of them gone to sea.

■ 한글 가사

물살을 헤쳐가요. 물통 속에 세 사람이 있어요.
누구일까요? 정육점 아저씨, 빵 만드는 아저씨, 초 만드는 아저씨에요. 모두들 바다로 갔어요.

■ 활용

다른 여러가지 직업 이름을 바꾸어 넣어 부릅니다.

39 Sally's wearing

■ 요점

색상이나 옷에 관련된 이름을 배울 때 좋은 노래입니다.

■ 영어 가사

Sally's wearing a red dress, red dress, red dress.
Sally's wearing a red dress all day long.

■ 한글 가사

샐리가 빨간 드레스, 빨간 드레스, 빨간 드레스를 입고 있어요.
샐리가 하루종이 빨간 드레스를 입고 있어요.

■ 동작

가사	동작
Sally's wearing a	한 손씩 드레스 옷자락을 잡는 동작을 합니다. 
red dress	왼쪽 방향으로 왼발을 내밀며 뒷꿈치로 바닥을 살짝 칩니다. 

<table>
<tr><th>가사</th><th>동작</th></tr>
<tr><td>red dress</td><td>오른쪽 방향으로 오른발을 내밀며 뒷꿈치로 바닥을 살짝 칩니다.
</td></tr>
<tr><td>red dress</td><td>중앙을 바라보고 두 무릎을 살짝 굽혔다 폅니다.
</td></tr>
</table>

<table>
<tr><th>가사</th><th>동작</th></tr>
<tr><td>Sally's wearing a</td><td>한손씩 드레스 옷자락을 잡는 동작을 합니다.
</td></tr>
<tr><td>red dress</td><td>왼쪽 방향으로 왼발을 내밀며 뒷꿈치로 바닥을 살짝 칩니다.
</td></tr>
</table>

가사	동작
all day	오른쪽 방향으로 오른발을 내밀며 뒷꿈치로 바닥을 살짝 칩니다. 
long	중앙을 바라보고 두 무릎을 살짝 굽혔다 폅니다. 

40 A Sailor Went to Sea, Sea, Sea

■ 요점

바다와 관련된 내용을 가르칠 때 효과적인 노래입니다. 바다에 가서 선원이 볼 수 있는 것들을 말해보면서 어패류 이름에 관한 이름을 자연스럽게 배울 수 있습니다.

■ 영어 가사

A sailor went to sea, sea, sea,
To see what he could see, see, see.
But all that he could see, see, see,
Was the bottom of the deep blue sea, sea, sea.

■ 한글 가사

선원이 바다로 새로운 것들을 보기 위해서 갔어요.
그런데 볼 수 있는 것은 아주 깊고 푸른 바다 뿐이였어요.

■ **동작**

가사	동작
A	손뼉을 마주 칩니다. 
sail	오른손바닥을 상대편과 마주 칩니다. 

가사	동작
-or	손뼉을 마주 칩니다. 
went	왼손바닥을 상대편과 마주 칩니다. 

가사	동작
to	손뼉을 마주 칩니다. 
sea, sea, sea.	상대편과 양손바닥을 마주 칩니다. 

가사	동작
to	손뼉을 마주 칩니다. 
see	오른손바닥을 상대편과 마주 칩니다. 

가사	동작
what	손뼉을 마주 칩니다. 
he	왼손바닥을 상대편과 마주 칩니다. 

가사	동작
could	손뼉을 마주 칩니다. 
see, see, see.	상대편과 양손바닥을 마주 칩니다. 

나머지도 같은 방법으로 손동작을 합니다. 상대방과 손뼉치는 것 외에도 엉덩이를 부딪치는 동작으로 변형을 주면 더욱 재미있어 합니다.

41 Six little ducks

■ 요점

오리 소리 "꽥 꽥 꽥"을 내면서 오리 흉내 내며 즐겁게 부를 수 있는 노래입니다. fat(뚱뚱한), skinny(마른), tall(키가 큰), little(작은) 등 형태를 나타내는 형용사를 배웁니다.

■ 영어 가사

Six little ducks That I once knew, Fat ones, skinny ones, tall ones too,
But the one little duck With the feather on his back,
(후렴) He led the others With his quack, quack, quack. Quack, quack, quack,
Quack, quack, quack. He led the others With his quack, quack, quack.
Quack, quack, quack, Quack, quack, quack.
Down to the river They would go, Wibble, wobble, wibble wobble To and from, But the one little duck with the feather on his back, (후렴)
Home from the river They would come, Wibble, wobble, wibble, wobble, Ho, hum, hum, But the one little duck With the feather on his back, (후렴)

■ 한글 가사

예전에 내가 알던 6마리의 오리가 있었어요. 뚱뚱한 오리, 마른 오리, 키 큰 오리도 있었어요. 그런데 등 뒤에 깃털이 달린 작은 오리가,
대장 노릇을 하고 있어요. 꽥꽥꽥! 꽥꽥꽥! 꽥꽥꽥! 다른 오리를 이끌고 있어요. 꽥꽥꽥! 꽥꽥꽥! 꽥꽥꽥! 다른 오리를 이끌고 있어요. 꽥꽥꽥! 꽥꽥꽥!
오리들은 강물을 따라 내려가곤 했어요. 뒤뚱뒤뚱, 뒤뚱뒤뚱, 왔다갔다하면서. 그런데 등 뒤에 깃털이 달린 작은 오리가,
오리들은 강에서 집으로 돌아오곤 했어요. 뒤뚱뒤뚱, 뒤뚱뒤뚱, 흠흠! 그런데 등 뒤에 깃털달린 작은 오리가,

■ 동작

가사	동작
Six little ducks That I once knew,	손가락 여섯 개를 폅니다. 
Fat ones, skinny ones, tall ones too,	팔과 손을 이용하여 뚱뚱한 것, 마른 것, 키 큰 것을 표현합니다. 

가사	동작

가사	동작
But the one little duck	엄지를 치켜듭니다. 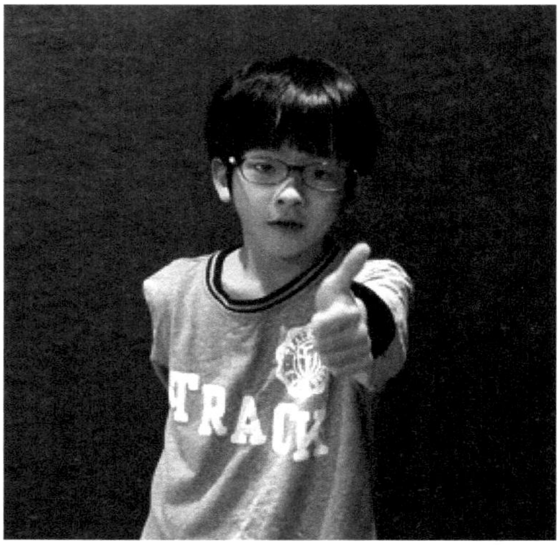
With the feather on his back	두 팔을 등 뒤로 보냅니다. 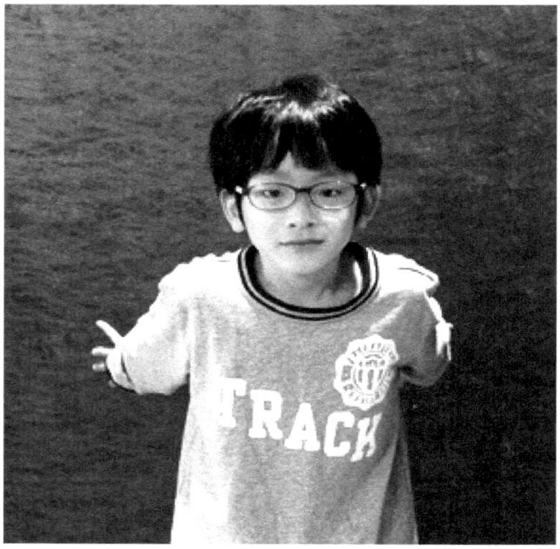

가사	동작
He led the others With his quack, quack, quack	두 손으로 주둥이 모양을 만들어 입에 갖다 댑니다. 

42 Skidama Rinka Dinka Dink

■ 요점

시간에 관련된 표현을 배우기 좋은 노래입니다. Skidama rinka dinka dink는 랄라라에 해당하는 의성입니다.

■ 영어 가사

Skidama rinka dinka dink.
Skidama rinka doo.
I love you.
Skidama rinka dinka dink.
Skidama rinka doo.
I love you.
I love you in the morning and in the afternoon.
I love you in the eveing and underneath the moon.
Oh, Skidama rinka dinka dink.
Skidama rinka doo.
I love you.

■ 한글 가사

스키마 링카 딩카 딩.
스키마 링카 두.
당신을 사랑합니다.
스키마 링카 딩카 딩.
스키마 링카 두.
당신을 사랑합니다.
아침과 오후에 당신을 사랑합니다.
저녁에서 달빛 빛나는 밤에도 당신을 사랑합니다.

■ 동작

가사	동작
Skidama rinka dinka dink. Skidama rinka doo.	손을 허리에 두고 양 무릎을 노래에 맞춰 굽혔다 폈다 합니다.
I love	무릎을 펴고 중앙을 본 상태에서 양손으로 하트 모양을 만듭니다.
you	하트 모양 손을 앞으로 내밀었다 다시 뒤로 가져옵니다.
I love you	오른손을 반쪽 하트로 만들어 아래에서 위로 올립니다.
in the morning	왼손을 반쪽 하트로 만들어 아래에서 위로 올려 하드를 완성합니다.
and in the afternoon.	하트 모양 손을 앞으로 내밀었다 다시 뒤로 가져옵니다.
I love you	오른손을 반쪽 하트로 만들어 아래에서 위로 올립니다.
in the evening	왼손을 반쪽 하트로 만들어 아래에서 위로 올려 하드를 완성합니다.
and underneath the moon.	하트 모양 손을 앞으로 내밀었다 다시 뒤로 가져옵니다.
Skidama rinka dinka dink. Skidama rinka doo.	손을 허리에 두고 양 무릎을 노래에 맞춰 굽혔다 폈다 합니다.
I love	무릎을 펴고 중앙을 본 상태에서 양손으로 하트 모양을 만듭니다.
you	하트 모양 손을 앞으로 내밀었다 다시 뒤로 가져옵니다.

43 Ten Little Indian Boys

■ 요점

1부터 10까지 숫자를 배우기 좋은 노래입니다.

■ 영어 가사

One little, two little, three little Indians. Four little, five little, six little Indians. Seven little, eight little, nine little Indians. Ten little Indian boys.

■ 한글 가사

하나, 둘, 세 작은 인디안. 넷, 다섯, 여섯 작은 인디안.
일곱, 여덟, 아홉 작은 인디안. 10명의 작은 인디안 소년.

■ 동작

<table>
<tr><th>가사</th><th>동작</th></tr>
<tr><td>One little, two little, three little</td><td>손가락으로 숫자를 하나씩 만듭니다.
</td></tr>
<tr><td>Indians</td><td>손바닥으로 입을 치며 인디언 흉내를 냅니다.
</td></tr>
</table>

<table>
<tr><th>가사</th><th>동작</th></tr>
<tr><td>Four little, five little, six little</td><td>손가락으로 숫자를 하나씩 만듭니다.
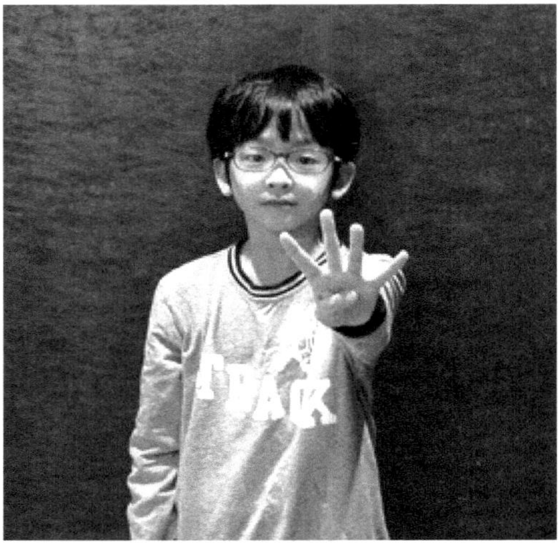</td></tr>
<tr><td>Indians</td><td>손바닥으로 입을 치며 인디언 흉내를 냅니다.
</td></tr>
</table>

가사	동작
Seven little, eight little, nine	손가락으로 숫자를 하나씩 만듭니다.
Indians	손바닥으로 입을 치며 인디언 흉내를 냅니다.
Ten little Indian	양손을 활짝 펴서 앞으로 내밉니다.
boys.	손바닥으로 입을 치며 인디언 흉내를 냅니다.

44 Two Little Blackbirds

■ 요점

bird(새), fly away(날아가다) 등 새에 관련된 표현을 배웁니다.
잭(Jack)과 질(Jill) 대신에 활동에 참여하는 아이들의 이름으로 대체하여 불러 봅니다.

■ 영어 가사

Two little blackbirds sitting on a hill.
One named Jack and one named Jill.

Fly away, Jack. Fly away, Jill.
Come back, Jack. Come back, Jill.

■ 한글 가사

언덕 위에 앉아 있는 작은 검정새 두 마리.
한 마리는 잭이고 다른 한 마리는 질이래요.

잭 날아가, 질 날아가.
잭 돌아와, 질 돌아와.

■ 동작

가사	동작
Two little blackbirds sitting on a hill.	새가 언덕위에 앉아 있는 것처럼 양 손 검지를 나란히 세웁니다. 
One named Jack and one named Jill.	각각의 이름을 부르면서 검지를 하나씩 앞으로 내밉니다. 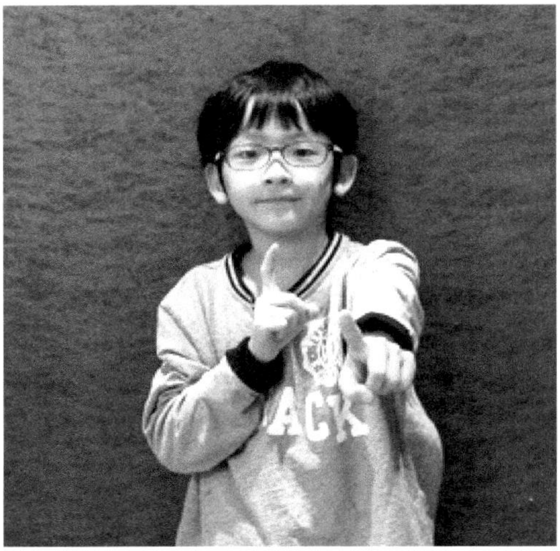

가사	동작
Fly away, Jack, fly away, Jill.	각각의 이름을 부르면서 새가 날아가듯이 검지를 하나씩 뒤로 감춥니다. 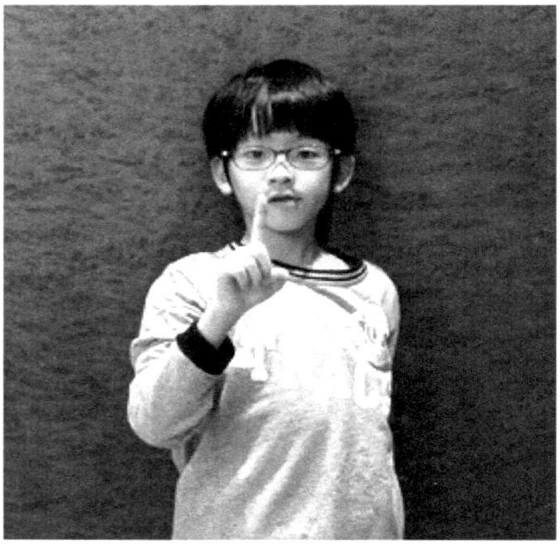
Come back, Jack, come back, Jill.	각각의 이름을 부르면서 새가 다시 돌아오듯이 검지를 다시 하나씩 앞으로 내밉니다. 

- 검고 작은 새 인형 두 마리를 손가락 인형이나 새를 머리띠 위에 붙여서 재미있게 불러봅니다.
- 노랫말에서는 언덕 위(hill) 이지만 집 안에서는 다양한 곳 sofa, chair, bed, … 등 사물 명칭을 바꿔가며 새처럼 날아가 앉아가며 노래를 불러봅니다.

45 Ten in a bed

■ 요점

1부터 10까지 숫자와 roll over(구르다), fall out(떨어지다) 표현을 익힙니다.
두꺼운 책 위에 연필이나 볼펜같이 잘 굴러가는 물건을 10개를 준비합니다 .

■ 영어 가사

There were ten in a bed and the little one said,
"Roll over, roll over."
So, they all rolled over and one fell out.
There were nine in the bed and the little one said,
"Roll over, roll over."
So, they all rolled over and one fell out.
(eight, seven, six, five, four, three, two 숫자를 줄여가며 가사를 반복합니다.)
There was one in a bed and the little one said,
"I'm lonely."

■ 한글 가사

침대 위에 아홉 명이 있었어요.
한 꼬마가 말했어요.
"굴러, 굴러"
그래서 모두 굴렀는데 하나가 떨어졌어요.

침대 위에 아홉 명이 있었어요.
한 꼬마가 말했어요.
"굴러, 굴러"
그래서 모두 굴렀는데 하나가 떨어졌어요.

(중략)

침대에 한 명이 있었고
그 꼬마가 말했어요.
"외로워요."

■ 동작

가사	동작
There were ten in a bed and the little one said "Roll over, roll over" So they all rolled over	책 위의 준비한 물체를 굴립니다.
And one fell out.	하나를 떨어뜨립니다.

• 가사에 맞춰 굴러가는 물체를 굴리면서 하나씩 떨어뜨립니다.

46 Teddy Bear, Teddy Bear

■ 요점

이 동요는 줄넘기 라임으로도 불리지만 아이들에게 동작 동사를 가르치기 좋은 동요입니다. turn around(돌아라, 뒤를 돌아라), touch(만지다), show(보이다), jump(뛰다), see(보다), give a hug(끌어안다) 등 동작을 지시하는 표현을 가르칩니다. 이외에도 가르치고자 하는 동작 동사를 노래에 응용해 봅니다. Teddy bear대신 아이의 이름을 바꾸어 불러 봅니다.

■ 영어 가사

Teddy bear, teddy bear, turn around,
Teddy bear, teddy bear, touch the ground,
Teddy bear, teddy bear, show your shoe,
Teddy bear, teddy bear, that will do.
Teddy bear, teddy bear, jump up high,
Teddy bear, teddy bear, see me smile,
Teddy bear, teddy bear, give a hug,
Teddy bear, teddy bear, that will do.

■ 한글 가사

테디베어, 테디베어, 빙빙 돌아라.
테디베어, 테디베어, 땅을 짚어라.
테디베어, 테디베어, 신발을 보여라.
테디베어, 테비베어, 잘했다.

테디베어, 테디베어, 높이 뛰어라.
테디베어, 테디베어, 웃어라.
테디베어, 테디베어, 안아줘라.
데디베어, 테디베어, 잘했다.

■ 동작

가사	동작
Teddy bear, teddy bear, turn around,	줄넘기 하듯이 뛰다가 뒤를 돕니다.
Teddy bear, teddy bear, touch the ground	땅을 짚습니다.
Teddy bear, teddy bear, show your shoe.	신발을 보여줍니다.
Teddy bear, teddy bear, jump up high,	높이 뜁니다.
Teddy bear, teddy bear, see me smile	미소짓습니다.
Teddy bear, teddy bear, give a hug,	끌어안습니다.

47 Ten little peas

■ 요점

콩이 자라서 콩깍지에서 터져나오는 모습을 표현한 동요입니다. grow(자라다), big의 비교급 bigger(더 큰) 등을 배웁니다. 10가지 숫자를 세는 방법을 배웁니다.

■ 영어 가사

Ten little peas in a pea-pod pressed,
One grew,
Two grew,
and so did all the rest.
and they grew bigger and Bigger and BIGGER
until it POPPED !!

■ 한글 가사

한 깍지 안에 작은 콩 10알
한 개가 자랐어요.
두 개가 자랐어요.
그리고 나머지도 모두 자랐어요.
팡 터질 때까지 점점점 더 크게 자랐어요.

■ 동작

가사	동작
Ten little peas in a pea pod pressed	두 주먹을 붙이고 앞으로 내밉니다. 
One grew Two grew and so did all the rest	손가락을 하나씩 밖으로 폅니다. 

<table>
<tr><th>가사</th><th>동작</th></tr>
<tr><td>and they grew bigger
and Bigger and BIGGER</td><td>양 손바닥을 앞으로 내밀고 펍니다.
양손가락을 처음에는 오므렸다가 점점 크게 펼치며 양손을 벌려 터질듯이 펼칩니다.
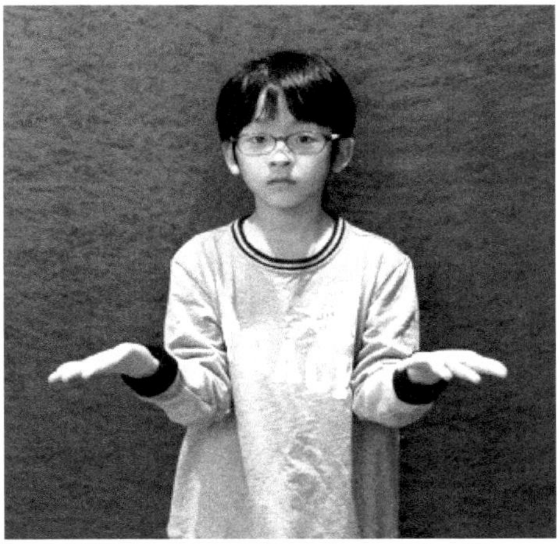</td></tr>
<tr><td>until it POPPED !!</td><td>박수를 딱하고 칩니다.
</td></tr>
</table>

* 그림으로 그려보고, 아이의 몸으로도 직접 표현해 보도록 합니다.

48 There Is Thunder

■ 요점

날씨에 대해 배우기 좋은 동요입니다. thunder 대신 sun이나 star로 그리고 hear it roar 대신 see it shines 그리고 see it twinkles로 바꾸고 I'm all wet 대신 I'm so happy로 바꾸어 불러 봅니다.

■ 영어 가사

There is thunder. There is thunder.
Hear it roar. Hear it roar.
Pitter patter rain drops.
Pitter patter rain drops.
I'm all wet. I'm all wet.

■ 한글 가사

천둥이 칩니다. 천둥이 칩니다.
천둥소리를 들어봐요. 천둥소리를 들어봐요.
부슬부슬 빗방울들.
부슬부슬 빗방울들.
흠뻑 젖었어요. 흠뻑 젖었어요.

■ 동작

가사	동작
There is thunder. There is thunder.	발을 쿵쿵 굴러 천둥 소리를 냅니다. 
Hear it roar. Hear it roar.	양쪽 귀에 번갈아 두 손을 대어 소리를 듣는 모습을 만듭니다. 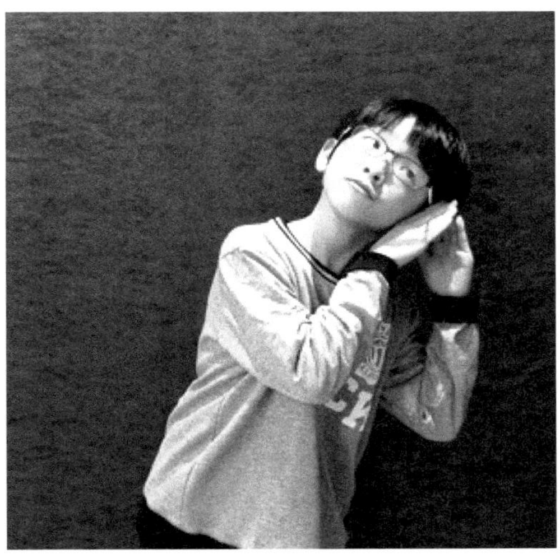

가사	동작
Pitter patter rain drops. Pitter patter rain drops.	양손 손가락을 꼼지락 거리며 위에서 아내로 내려서 비가 부슬 부슬 내리는 모습을 만듭니다. 
I'm all wet. I'm all wet.	몸을 움츠리면서 비에 젖어 떠는 모습을 두 번 동작합니다. 

49 This is the Way

■ **요점**

요일과 동작 표현을 배우기에 좋은 노래입니다. comb our hair / Wednesday, put on our dress / Thursday, have breakfast / Friday 등으로 바꾸어 불러 봅니다. Morning 대신 afternoon, evening, night로 바꾸어 불러 봅니다.

■ **영어 가사**

This is the way we wash our face,
wash our face, wash our face.
This is the way we wash our face,
so early Monday morning.

This is the way we brush our teeth,
brush our teeth, brush our teeth.
This is the way we brush our teeth,
so early Tuesday morning.

■ **한글 가사**

우리는 이렇게 얼굴을 씻어요, 얼굴을 씻어요, 얼굴을 씻어요.
우리는 이렇게 얼굴을 씻어요, 얼굴을 씻어요, 얼굴을 씻어요.
월요일 아침 일찍.

우리는 이렇게 이를 닦아요, 이를 닦아요, 이를 닦아요.
우리는 이렇게 이를 닦아요, 이를 닦아요, 이를 닦아요.
화요일 아침 일찍.

■ 동작

가사	동작
This is the way we wash our face, wash our face, wash our face. This is the way we wash our face,	왼쪽과 오른쪽으로 방향을 돌려가며 얼굴씻는 동작을 반복합니다. 
so early Monday morning.	손목을 돌려 반짝 반짝 손동작을 하면서 안쪽에서 바깥쪽으로 크게 원을 그립니다. 

<table>
<tr><th>가사</th><th>동작</th></tr>
<tr><td>This is the way we
brush our teeth,
brush our teeth, brush
our teeth.
This is the way we
brush our teeth,</td><td>왼쪽과 오른쪽으로 방향을 돌려가며 이를 닦는 동작을 반복합니다.
</td></tr>
<tr><td>so early Tuesday
morning.</td><td>손목을 돌려 반짝 반짝 손동작을 하면서 안쪽에서 바깥쪽으로 크게 원을 그립니다.
</td></tr>
</table>

• 노래를 개사하여 부르는 경우 대체해서 사용한 동작 표현에 맞는 동작을 하여 부릅니다.

50 This Little Piggy

■ 요점

동물 이름과 기분상태, 음식 이름을 배우기 좋은 노래입니다. 여러 아이들이 하나씩 역할을 맡아 동작하며 부르면 재미있습니다. Wee-wee는 의성어로 잉잉 우는 소리에 해당합니다.

■ 영어 가사

This little piggy went to market.
This little piggy stayed at home.
This little piggy had roast beef.
This little piggy had none.
And this little piggy cried,
"Wee-wee-wee-wee-wee."
All the way home.

■ 한글 가사

이 작은 돼지는 시장으로 갔어요.
이 작은 돼지는 집에 있었어요.
이 작은 돼지는 소고기 구이를 먹었어요.
이 작은 돼지는 아무 것도 먹지 못했어요.
그래서 이 돼지는 집에 오는 길 내내
잉잉잉잉 울었어요.

■ 활용

기분 상태나 몸 상태를 나타내는 형용사나 동사들을 활용하여 불러봅니다.

예 This little cat is happy.
This little cat is sad
This little cat is full
This little cat is hungry.
And this little cat said,
"I am so happy!"
All the way home.

예 This little duck is smart.
This little duck is silly.
This little duck is pretty.
This little duck is ugly.
And this little duck said,
"I am so happy!"
All the way home.

51 Twelve months of the year

■ 요점

12달 이름을 배우는 노래입니다.

■ 영어 가사

January, February, March, April, May, June, July, August, September, October, November, December.

■ 한글 가사

1월, 2월, 3월, 4월, 5월, 6월, 7월, 8월, 9월, 10월, 11월, 12월.

■ 활용

12달 카드를 이용하여 노래를 부릅니다.
노래를 부르면서 자기 생일이 있는 달이나, 크리스마스, 등 특별한 날이 있는 달에 해당하는 카드를 집어 올리면 아이들이 더 쉽게 기억하고 재미있어 합니다.

52 Twinkle Twinkle little star

■ 요점

우리나라 동요 '반짝 반짝 작은별'에 해당하는 동요입니다. Twinkle twinkle은 반짝 반짝에 해당하는 의태어 입니다.

■ 영어 가사

Twinkle, twinkle, little star,
How I wonder what you are.
Up above the world so high,
Like a diamond in the sky,
Twinkle, twinkle little star,
How I wonder what you are.

■ 한글 가사

반짝, 반짝, 작은 별,
정말 예쁘구나.
하늘 높이 다이아몬드처럼 떠 있는,
반짝, 반짝, 작은별,
정말 예쁘구나.

■ 동작

가사	동작
Twinkle twinkle little star.	좌우로 두 번씩 반짝 거리는 별처럼 손바닥을 펴고 양손을 좌우로 돌려 별이 반짝 거리는 모습을 만듭니다. 
How I wonder what you are	양손을 돌려 반짝거리는 모습으로 큰 동그라미를 안쪽에서 위로 올리면서 바깥쪽으로 만듭니다. 

가사	동작
Up above	오른손의 검지손가락으로 하늘을 가리킵니다. 
the world so high	안쪽에서 바깥쪽 위로 크게 동그라미를 그립니다. 

가사	동작
Like a diamond in the sky	양손을 높이 들고 양손을 좌우로 돌려 반짝거리는 모습을 만듭니다. 

53 Walking Walking

■ **요점**

walk(걷다), hop(깡총 뛰다), run(뛰다), tiptoe(살금 살금 걷다), clap(박수치다), wave(손을 흔들어 인사하다), rub(비비다), wiggle(꼼지락 거리다), count(세다), snap(손가락으로 딱 소리 내다) 등 발과 손, 손가락이 하는 일에 대한 표현을 배웁니다.

■ **영어 가사**

Walking, walking, walking, walking,
Hop, hop, hop,
Hop, hop, hop.
Running, running, running,
Running, running, running,
Now let's stop.

Clapping, clapping, clapping, clapping,
Wave, wave, wave,
Wave, wave, wave.
Rubbing, rubbing, rubbing,
Rubbing, rubbing, rubbing,
Now let's stop.

Wiggling, wiggling, wiggling, wiggling,
Count, count, count,
Count, count, count.
Snapping, snapping, snapping,
Snapping, snapping, snapping.
Now let's stop.

■ 한글 가사

걸어요. 걸어요. 걸어요. 걸어요.
깡충 뛰어요. 깡충 뛰어요. 깡충 뛰어요.
깡충 뛰어요. 깡충 뛰어요. 깡충 뛰어요.
뛰어요. 뛰어요. 뛰어요.
뛰어요. 뛰어요. 뛰어요.
이제 멈춰요.

박수쳐요. 박수쳐요. 박수쳐요. 박수쳐요.
손을 저어요. 손을 저어요. 손을 저어요.
손을 저어요. 손을 저어요. 손을 저어요.
손을 비벼요. 손을 비벼요. 손을 비벼요.
손을 비벼요. 손을 비벼요. 손을 비벼요.
이제 멈춰요.

손가락을 꼼지락거려요. 손가락을 꼼지락거려요. 손가락을 꼼지락거려요. 손가락을 꼼지락거려요.
숫자를 세요. 숫자를 세요. 숫자를 세요.
숫자를 세요. 숫자를 세요. 숫자를 세요.
딱 소리를 내요. 딱 소리를 내요. 딱 소리를 내요.
딱 소리를 내요. 딱 소리를 내요. 딱 소리를 내요.
이제 멈춰요.

■ 동작

가사	동작
Walking, walking, walking walking.	성큼성큼 걷습니다. 
Hop, hop, hop. Hop, hop, hop.	깡총깡총 뜁니다. 

가사	동작
Running, running, running.	뛰어 다닙니다. 
Clapping, clapping, clapping, clapping,	박수를 칩니다. 

가사	동작
Wave, wave, wave. Wave, wave, wave	손을 좌우로 흔듭니다. 
Rubbing, rubbing, rubbing,	손을 비빕니다. 

<table>
<tr><th>가사</th><th>동작</th></tr>
<tr><td>Wiggling, wiggling
wiggling,</td><td>손가락을 꼼지락 거립니다.
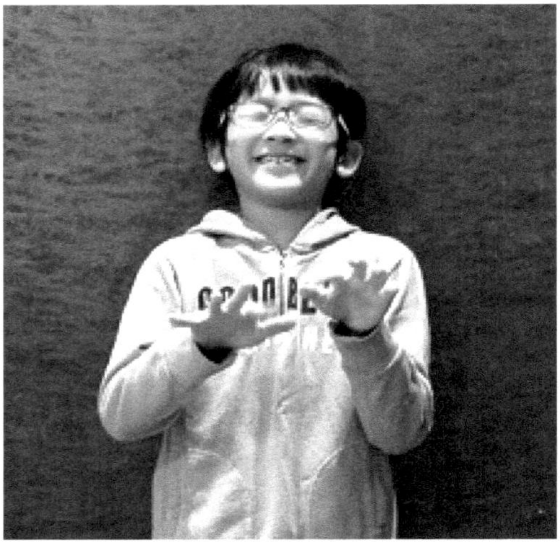</td></tr>
<tr><td>Count, count, count.
Count, count, count.</td><td>손가락을 꼽으면서 숫자를 세 듯합니다.
</td></tr>
</table>

가사	동작
Snapping, snapping, snapping.	엄지와 중지를 엇갈려서 '딱' 소리를 냅니다. 
Now let's stop.	동작을 멈춥니다.

54 The Wheels on the bus

■ 요점

의성어와 의태어를 배웁니다. 이외에도 바퀴, 문, 와이퍼 등 자동차 구조의 명칭을 배웁니다.

■ 영어 가사

The wheels on the bus go round and round, Round and round, round and round. The wheels on the bus go round and round, All day long.

The people on the bus go up and down, Up and down, up and down.
The people on the bus go up and down, All day long.

The horn on the bus goes toot toot toot, Toot toot toot, toot toot toot.
The horn on the bus goes toot toot toot, All day long.

The bell on the bus goes ding ding ding, Ding ding ding, ding ding ding.
The bell on the bus goes ding ding ding, All day long.

The wiper on the bus goes swish swish swish, Swish swish swish, swish swish swish. The wiper on the bus goes swish swish swish, All day long.

The doors on the bus go open and shut, Open and shut, open and shut.
The doors on the bus go open and shut, All day long.

■ 한글 가사

버스바퀴가 빙글빙글 돌아갑니다, 빙글빙글, 빙글빙글.
버스바퀴가 빙글빙글 하루종일 돌아갑니다.

버스에 사람들이 오르락 내리락 합니다. 오르락 내리락, 오르락 내리락.
버스에 사라들이 하루종이 오르락 내리락 합니다.

버스크락션이 빵빵빵 울립니다. 빵빵빵, 빵빵빵.
버스크락션이 하루종일 빵빵빵 울립니다.

버스종이 땡땡땡 울립니다. 땡땡땡, 땡땡땡.
버스종이 땡땡땡 하루종이 울립니다.

버스와이퍼가 쓱쓱쓱 닦습니다. 쓱쓱쓱, 쓱쓱쓱.
버스와이퍼가 하루종이 쓱쓱쓱 닦습니다.

버스문이 열렸다 닫히다 합니다. 열렸다 닫혔다 열렸다 닫혔다.
버스문이 하루종일 열렸다 닫혔다 합니다.

■ 동작

가사	동작
The wheels on the bus go round and round, Round and round, round and round. The wheels on the bus go round and round, All day long.	바퀴가 돌아가는 것처럼 양팔로 원을 그립니다. (혹은 장난감 자동차 바퀴 굴리며 방안 돌아다닙니다)
The people on the bus go up and down, Up and down, up and down. The people on the bus go up and down, All day long.	노래를 부르며 아이들이 의자에 앉았다 섰다 합니다.
The horn on the bus goes toot toot toot, Toot toot toot, toot toot toot. The horn on the bus goes toot toot toot, All day long.	양손을 펴고 올리고 반짝거리듯이 흔듭니다.

가사	동작
The bell on the bus goes ding ding ding, Ding ding ding, ding ding ding. The bell on the bus goes ding ding ding, All day long.	나팔을 불듯이 한주먹은 입에 대고 나머지 한주먹을 앞뒤로 움직입니다. (혹은 장난감 핸들 중앙 소리 나는 곳 눌렀다 뗐다 합니다.)
The wiper on the bus goes swish swish swish, Swish swish swish, swish swish swish. The wiper on the bus goes swish swish swish, All day long.	양손 손바닥을 바깥쪽으로 보이게 하고 좌우로 흔듭니다.
The doors on the bus go open and shut, Open and shut, open and shut. The doors on the bus go open and shut, All day long.	손바닥을 붙였다 열었다하면서 문이 닫히고 열리는 모습을 표현합니다.

55 Where is Daddy?

■ 요점

가족 명칭을 배우기 좋은 노래입니다. 가족 명칭이나 친구 이름을 넣어 바꿔가며 재미있게 불러봅니다.

■ 영어 가사

Where is Daddy? Where is Daddy?
Here I am. Here I am.
How are you today, sir? Very well, I thank you.
Run away. Run away.

■ 한글 가사

아빠 어디 있니? 아빠 어디 있니?
여기 나와 있어. 여기 나와 있어.
오늘 어떠세요? 아주 좋다. 고마워.
뛰어 가세요. 뛰어 가세요.

■ 동작

가사	동작
Where is Daddy? Where is Daddy?	주먹을 쥐고 엄지손가락만 올린채로 두 주먹을 뒤로 숨깁니다.
Here I am.	오른쪽 주먹을 앞쪽으로 내밀어 보여줍니다. 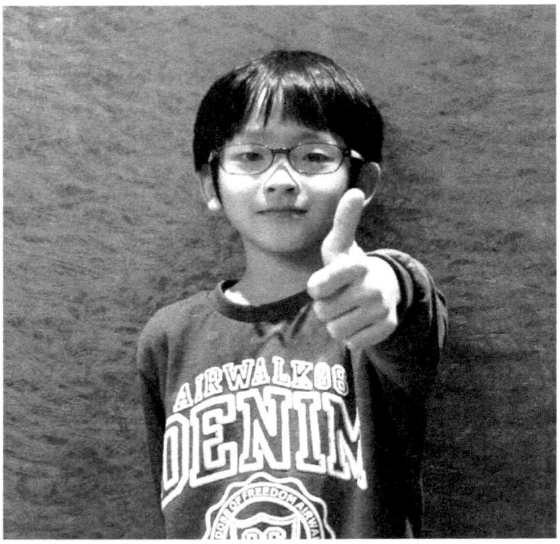

가사	동작
Here I am.	왼쪽 주먹도 앞쪽으로 내밀어 보여줍니다. 
How are you today?	오른쪽 엄지손가락을 구부려 인사하는 모양을 만듭니다. 

가사	동작
Very well, I thank you.	왼쪽 엄지손가락을 구부려 인사하는 모양을 만듭니다. 
Run awcy Run away	오른쪽 주먹을 뒤로 숨기고 왼쪽 주먹을 뒤로 숨깁니다. 

CHAPTER 2

수수께끼
너서리 라임(Riddles)

예전부터 전해 내려오는 너서리 라임은 아이들이 맞추기에는 어려움이 있어 뒷부분에 정리해 두었습니다. 우선, 아이들도 쉽게 맞출 수 있는 동물 이름, 과일 이름, 사물 이름 등을 수수께끼로 만들어 정리해 보았습니다. 아이들과 함께 수수께끼 놀이를 하다보면 동물과 과일 그리고 사물에 대한 특징부터 함께 공부할 수 있습니다.

2.1 동물에 관련된 수수께끼

동물카드를 활용하여 다음과 같은 동물이름 맞추기 수수께끼를 합니다. 아이에게 동물 울음 소리, 동물 특징 등을 아이가 맞출 때까지 말해 줍니다. 아이가 맞추면 "You are right!"라고 하고 틀리면 "Try it again!"이라고 하며 다시 한번 더 설명을 합니다.

■ 동물 수수께끼 1

I have long ears.
I like hopping.
I have red eyes.
What am I? 답 A rabbit

■ 동물 수수께끼 2

I am very big.
I have a long nose.
What am I? 답 An elephant

■ 동물 수수께끼 3

I am smart.
I smell very well.
I bark
I say "Woof! Woof!"
What am I? 답 A dog

■ 동물 수수께끼 4

I like fish.
I eat mice.
I don't like dogs.
I say "Meow! Meow!"
What am I? 답 A cat

■ 동물 수수께끼 5

I have fluffy mane.
I am brave.
I am the king of the animals.
I say, "Roar! Roar!"
What am I? 답 A lion

■ 동물 수수께끼 6

I have a long neck.
I have dark spots.
What am I? 답 A giraffe

■ 동물 수수께끼 7

I run very fast.
I eat hay and grass.
I say "Neigh! Neigh!"
What am I?

답 A horse

■ 동물 수수께끼 8

I am fat.
I like playing in the puddle.
I say "Oink! Oink!"
What am I?

답 A pig

■ 동물 수수께끼 9

I am small.
I hate cats.
I say "Squeak! Squeak!"
What am I?

답 A mouse.

■ 동물 수수께끼 10

I will give you some milk.
I am black and white.
I say "Moo! Moo!"
What am I?

답 A cow.

2.2 과일/채소에 관련된 수수께끼

과일/채소 카드를 활용하여 다음과 같은 과일/채소 이름 맞추기 수수께끼를 합니다. 아이에게 과일이나 채소의 특징 등을 아이가 맞출 때까지 말해 줍니다. 아이가 맞추면 'You're correct!"라고 하고 틀리면 "Try it again!"이라고 하며 다시 한번 더 설명을 합니다.

■ 과일/채소 수수께끼 1

I am an orange root vegetable.
Rabbits and horses like me.
What am I?

답 A carrot.

■ 과일/채소 수수께끼 2

I am round.
I usually crisp fruit.
I am sweet.
Snow white ate me and fell asleep.
What am I?

답 An apple

■ 과일/채소 수수께끼 3

I am a tropical fruit.
I am long and curved.
I am yellow
Monkey like me.
What am I?

답 A banana

■ 과일/채소 수수께끼 4

I am a small fruit.
I grow on a vine.
I can be eaten fresh or dried to make raisins.
I am crushed to make wine.
What am I?

답 A grape

■ 과일/채소 수수께끼 5

I am large and round.
I am juicy and sweet.
I grow on vines.
I am green and black.
What am I?

답 A watermelon

■ 과일/채소 수수께끼 6

I am a round citrus.
I have a thick skin and juicy flesh.
I am sweet.
My color is a mixture of red and yellow.
What am I?

답 An orange

■ 과일/채소 수수께끼 8

I am a round vegetable.
I have a strong smell and taste.
I have many layered skins.
What am I?

답 An onion

■ **과일/채소 수수께끼 9**

I am a long and green vegetable.
I have a soft center filled with seeds.
What am I? 답 A cucumber

■ **과일/채소 수수께끼 10**

I am a red and juicy vegetable.
I can be eaten raw or cooked.
I can be used for spaghetti.
What am I? 답 A tomato

2.3 사물과 관련된 수수께끼

사물 카드를 활용하여 다음과 같은 사물 이름 맞추기 수수께끼를 합니다. 아이에게 사물의 특징 등을 아이가 맞출 때까지 말해 줍니다. 아이가 맞추면 'You're correct!"라고 하고 틀리면 "Try it again!"이라고 하며 다시 한번 더 설명을 합니다.

■ **사물 수수께끼 1**

I am a rectangle.
I have a screen.
I show you dramas, animation, and shows.

What am I? 답 A television.

■ 사물 수수께끼 2

I am a device.
I have speakers but no screen.
I make you listen to music and shows.

What am I? 답 A radio

■ 사물 수수께끼 3

I am an instrument to draw and write.
I have a black stick covered with wood.

What am I? 답 A pencil

■ 사물 수수께끼 4

I rub off pencil marks from paper.
I rub off chalk marks from a blackboard.

What am I? 답 An eraser.

■ 사물 수수께끼 5

I am an instrument to draw and color.
I am a colored wax stick.

What am I? 답 A crayon

■ 사물 수수께끼 6

I am a round object.
I can be used for a game.
You can throw me.

What am I? 답 A ball

■ 사물 수수께끼 7

I am a piece of furniture.
I usually have four legs.
You can sit on me.

What am I? 답 A chair.

■ 사물 수수께끼 8

I am a piece of furniture.
I have a mattress.
You sleep on me.

What am I? 답 A bed

■ 사물 수수께끼 9

I am a container.
I hold liquids like some water and juice.
I often have a handle.

What am I? 답 A cup.

2.4 수수께끼 너서리 라임

다음은 오래전부터 내려오는 수수께끼 너서리 라임을 정리합니다. 이들 라임은 어린 아이들이 풀기에는 어렵습니다. 큰 아이들이나 영어에 익숙한 아이들에게 두뇌 게임으로 활용해 볼 수 있고 유명한 너서리 라임 수수께끼이기 때문에 여기서 정리를 해 보았습니다.

■ **수수께끼 너서리 라임 1**

There was a girl in our town, Silk an' satin was her gown, Silk an' satin, gold an' velvet, Guess her name, three times I've telled it.

답 Ann

■ **수수께끼 너서리 라임 2**

As soft as silk, as white as milk, As bitter as gall, a thick green wall, And a green coat covers me all.
What am I?

답 walnut

■ **수수께끼 너서리 라임 3**

Make three fourths of a cross, And a circle complete; And let two semicircles On a perpendicular meet; Next add a triangle That stands on two feet; Next two semicircles, And a circle complete.
What am I?

답 Tobacco

■ 수수께끼 너서리 라임 4

Flour of England, fruit of Spain, Met together in a shower of rain; Put in a bag tied round with a string, If you'll tell me this riddle, I'll give you a ring.
What am I? 답 A plum-pudding

■ 수수께끼 너서리 라임 5

In marble walls as white as milk, Lined with a skin as soft as silk, Within a fountain crystal clear, A golden apple doth appear. No doors there are to this stronghold, Yet thieves break in and steal the gold.
What am I? 답 An egg

■ 수수께끼 너서리 라임 6

Little Nanny Etticoat, In a white petticoat, And a red nose; The longer she stands, The shorter she grows.
What is she? 답 A candle

■ 수수께끼 너서리 라임 7

Long legs, crooked thighs, Little head and no eyes.
What am I? 답 A pair of tongs

■ 수수께끼 너서리 라임 8

Thirty white horses upon a red hill, Now they tramp, now they champ, now they stand still.
What are we? 답 Your teeth

■ 수수께끼 너서리 라임 9

Formed long ago, yet made to-day, Employed while others sleep; What few would like to give away, Nor any wish to keep.
What am I? 답 A bed

■ 수수께끼 너서리 라임 10

Lives in winter, Dies in summer, And grows with its root upwards.
What am I? 답 An icicle

■ 수수께끼 너서리 라임 11

Two legs sat upon three legs, With one leg in his lap; In comes four legs And runs away with one leg; Up jumps two legs, Catches up three legs, Throws it after four legs, And makes him drop one leg.
What are we? 답 A man, a stool, a leg of mutton, and a dog.

■ 수수께끼 너서리 라임 12

Thomas a Tattamus took two T's, To tie two tups to two tall trees, To frighten the terrible Thomas a Tattamus! Tell me how many T's there are in all. 답 2

■ 수수께끼 너서리 라임 13

Old Mother Twitchett had but one eye, And a long tail which she let fly; And every time she went over a gap, She left a bit of her tail in a trap.
What are we? 답 A needle and thread.

■ 수수께끼 너서리 라임 14

As I went through a garden gap, Who should I meet but Dick Red-Cap! A stick in his hand, a stone in his throat, If you'll tell me this riddle, I'll give you a groat.
What am I? 답 A cherry.

■ 수수께끼 너서리 라임 15

Humpty Dumpty sat on a wall, Humpty Dumpty had a great fall; All the king's horses and all the king's men Cannot put Humpty Dumpty together again.
What am I? 답 An egg

■ 수수께끼 너서리 라임 16

As I was going to St. Ives, I met a man with seven wives, Every wife had seven sacks, Every sack had seven cats, Every cat had seven kits - Kits, cats, sacks, and wives, How many were going to St. Ives?
답 Only one was going to St. Ives

CHAPTER 3

재미있는 Tongue Twister

- A big black bug bit the big black bear, but the big black bear bit the big black bug back!
- How can a clam cram in a clean cream can?
- Four furious friends fought for the phone.
- Green glass globes glow greenly.
- I scream, you scream, we all scream for ice cream!
- There's a sandwich on the sand which was sent by a sane witch.
- It's not the cough that carries you off, it's the coffin they carry you off in!
- Tie a knot, tie a knot. Tie a tight, tight knot. Tie a knot in the shape of a nought.
- Freshly-fried fat flying fish
- Rubber baby-buggy bumpers.
- Jolly juggling jesters jauntily juggled jingling jacks.
- Kindly kittens knitting mittens keep kazooing in the king's kitchen.
- A skunk sat on a stump and thunk the stump stunk, but the stump thunk the skunk stunk.
- I cannot bear to see a bear Bear down upon a hare. When bare of hair he strips the hare, Right there I cry, "Forbear!"
- Of all the felt I ever felt, I never felt a piece of felt which felt as fine as that felt felt, when first I felt that felt hat's felt.
- I thought a thought. But the thought I thought wasn't the thought I thought I thought.
- One smart fellow, he felt smart. Two smart fellows, they felt smart. Three smart fellows, they all felt smart.
- How much wood could a wood chopper chop, if a wood chopper could chop wood?
- If a black bug bleeds black blood, what color blood does a blue bug bleed?

저자 소개

• 김혜정
중앙대학교 영어언어과학과(조기영어교육학) 박사
중앙대학교 조기영어교육학과 석사
The Univ. of Southern Queensland TESOL 수료
한국조기영어교육학회 TESOL 교육연구소 원장
중앙대학교 교육대학원 조기영어교육전문가과정(TESOL) 담임교수
EBSe Mom's Time 출연, EBSe 유아영어프로그램 자문교수
(현) 광주여자대학교 어린이영어교육학과 교수

• 양은미
국제영어대학원대학교, 서울, 석사
Pratt Institute, New York, 석사
KAIST, 대전, 학사
[저서]
쉬운 영어로 통하는 러브 토크, 도서출판 넥서스, 2011
잇 잉글리시 신드롬, 도서출판 넥서스, 2009
놀이활동으로 풀어보는 유아 영어, 와이즈맘, 2010
외 다수
(현) 그린피스(GreenPease) 대표

동요를 활용한 **어린이 영어교육**

발 행 일 • 2012년 3월 30일

저 자 • 김혜정 · 양은미
발 행 자 • 최봉조
발 행 처 • 진샘미디어
주 소 • 서울시 은평구 역촌동 58-9
부호아파트 102동 상가 5호
전 화 • 02)353-4421
F A X • 02)353-4431

Home-page • www.jinsaem.co.kr
신고번호 • 제311-2005-000025호

I S B N • 978-89-92887-64-9 (93370)

정가 13,000원